New Banking –
Gespräche über
die Zukunft
des Bankings.

Jürgen Weimann
im Gespräch mit inspirierenden Menschen
aus der Bankenwelt

Inhaltsverzeichnis

Vorwort
des Herausgebers

Bereits seit Jahren steht die gesamte Finanzindustrie vor großen Herausforderungen. Die Minuszinsphase hat die Betriebsergebnisse der Institute stark unter Druck gesetzt und auch wenn die Zinsen zum Zeitpunkt der Veröffentlichung dieses Buches wieder gestiegen sind, machen die gestiegene Inflation und die geopolitische Situation in Europa den Banken und Sparkassen große Sorgen. So stecken die Institute mitten in einer großen Transformation. Nicht nur die Kundinnen und Kunden, deren Verhalten und Erwartungen an einen Finanzdienstleister von heute und morgen haben sich massiv verändert, sondern gleichzeitig auch die Rahmenbedingungen. Hinzu kommen zahlreiche offene Stellen und die verzweifelte Suche nach jungen Talenten; dieses Problem wird durch die Demografie in den Belegschaften und die Welle an Verrentungen in den nächsten Jahren massiv verstärkt.

Gleichzeitig bieten diese Rahmenbedingungen ebenso zahlreiche Chancen. Blickt man auf die Energiekrise, so benötigt eine Vielzahl an Firmen- und Privatkunden Beratung und Finanzierung zur Meisterung der Energiewende. Gerade in unsicheren Kapitalmarktzeiten ist eine fundierte Finanzberatung unabdingbar. Es ergeben sich zahlreiche strategische Fragen, doch was sind mögliche Antworten darauf?

Als im Jahr 2020 die Pandemie über Europa hereinbrach, saßen wir alle auf einmal im Homeoffice. Keine Dienstreisen. Keine Veranstaltungen und in meinem Fall viele ausgefallene und verschobene Termine. Mich beschäftigte damals die Frage: Wie kann ich diese geschenkte Zeit sinnvoll nutzen? Das war der Startpunkt meines Podcasts „Everyone Counts by Jürgen Weimann", der sich an Menschen in der Finanzindustrie richtet. Mittlerweile sind über 90 Folgen online und der Podcast erreicht jährlich über 20.000 Menschen. Meine Freude über jede einzelne Hörerin und jeden einzelnen Hörer ist RIESIG. Vielen Dank, dass Sie alle gemeinsam meinem Podcast zu dieser Reichweite verholfen haben.

Zahlreiche inspirierende Gespräche über das Banking von morgen habe ich seither geführt. Jedes Gespräch für sich war einzigartig und von spannenden Impulsen geprägt. Auch wenn die Auswahl sehr schwer war, fasst das vorliegende Buch zwölf der Podcast-Gespräche über New Banking zusammen. Möge dieses Werk Ihnen gute Erkenntnisse und Inspiration für die anstehenden Herausforderungen liefern.

HERZLICHST
IHR JÜRGEN WEIMANN

Warum Konflikte im Unternehmen wichtig sind – mit Dr. Reinhard K. Sprenger

Diese Podcastfolge erschien am 27. September 2020.

VORSTELLUNG VON DR. REINHARD K. SPRENGER

Dr. Reinhard K. Sprenger gilt als der profilierteste Führungsexperte im deutschsprachigen Raum. Nahezu alle 100 DAX Unternehmen zählen zu seinen Kunden. Er ist ein Multitalent, ein kritischer Denker, deckt Fehler bei Unternehmen auf und fordert sie auf, neu zu denken, zu wagen und zu handeln. Er ist ein populärer Redner und Autor vieler Bestseller, wie zum Beispiel Mythos Motivation, Das Prinzip Selbstverantwortung, Aufstand des Individuums und Magie des Konflikts, mit denen er die Managementwelt nachhaltig verändert hat.

ESSENTIALS:

» Konflikt ist essenziell, denn Stärke, Selbstbewusstsein und Selbstvertrauen entstehen erst durch Widerstand.

» Ein Unternehmen ist um den Konflikt herum organisiert: Innerhalb einzelner Bereiche herrscht Konsens, aber die Bereiche stehen miteinander im Wettbewerb und reiben sich.

» Wir brauchen beides – Harmonie und Konflikt. Konflikte sind nichts Schlechtes und eine Begleiterscheinung im Leben und Arbeiten.

» Jeder Mensch hat immer die Wahl, in einen Konflikt einzusteigen. Tut er das, sagt er „Ja" zu einem zukünftigen gemeinsamen Weg.

» Lösungen für die Zukunft werden nicht in der Rückschau gefunden. Wer die Ursachen sucht, will beschuldigen. Ursachenanalyse führt nicht immer zu Lösungswegen.

» Best Practices im Business führen nicht zur Alleinstellung, welche essenziell für den Erfolg ist. Stattdessen besser die Dinge von allen Seiten betrachten und eigene Lösungen entwickeln.

Sie sind Autor des Buchs „Magie des Konflikts". Warum ist aus Ihrer Sicht der Konflikt im privaten, aber auch im Unternehmenskontext so wertvoll?

Wer sich seine eigene Entwicklungsgeschichte oder die seiner Kinder anschaut, sieht, dass ein Individuum seine ICH-Stärke nur durch den Konflikt gewinnt. Stärke, Selbstbewusstsein, Selbstvertrauen entstehen erst durch Widerstand. Wir brauchen den Gegenwind von unseren Zuhörern – ähnlich wie ein Flugzeug, das nur bei Gegenwind starten kann. Negativ formuliert in Bezug auf Kinder gilt: Die Kinder, bei denen der Generationenkonflikt ausfällt, entwickeln keine ICH-Stärke. Wenn man im Erwachsenenalter einen anderen Menschen wirklich kennenlernen will, dann geht dies am besten dadurch, dass man sich anschaut, wofür er in einen Konflikt hineingeht. Man lernt aber auch sich selbst kennen. Goethe hat einmal gesagt: „Wer nicht streitet, lernt sich selbst nicht kennen." Das scheint mir für das Individuum ein sehr wichtiger Aspekt zu sein. Wenn man ins Unternehmen hineingeht, dann scheint es mir unendlich wichtig, einen völlig anderen Begriff von Konflikt zu entwickeln als den, der gegenwärtig dominiert. Es gibt nämlich keine Innovation ohne Konflikt.

„Man kann einen Menschen am besten kennenlernen, wenn er aktiv in einen Konflikt hineingeht."

Dr. Reinhard K. Sprenger

Ein Konflikt vitalisiert das Unternehmen. Man könnte sogar sagen: Einigkeit macht starr. Wenn man in den Mikrobereich geht, fragt man sich, weshalb es dann eigentlich Führungskräfte gibt? Wenn man die Anthropologie zu Rate zieht, ergibt sich die nüchterne Antwort: Führungskräfte gibt es eigentlich nur, weil es Konflikte gibt, die entschieden werden müssen. Das heißt, Führungskräfte müssen nicht schmusen. Eine Innovationskultur im Unternehmen ist abhängig erstens vom konkreten Verhalten und zweitens von den Führungskräften im Konfliktfall. Insofern, glaube ich, sollten wir die belebende Kraft des Konflikts sehr positiv sehen. Was schwierig ist, ist der Umgang mit dem Konflikt, welcher zum Teil ausgesprochen defizitär ist.

Sie haben einen schönen Satz im Buch, an den ich gerade spontan denken muss: „Das Managen ist es, Widersprüche zu verwalten im Unternehmen."

Ja, das geht auf die systemische Ebene hinaus. Ein Unternehmen ist gleichsam um den Konflikt herum organisiert. Man müsste nämlich nicht organisieren, wenn es gar keine Konflikte gäbe. Bestimmte Bereiche im Unternehmen entwickeln jeweils für sich partielle Logiken. Zum Beispiel liegen beim Controlling, bei der Personalarbeit, in der Produktion, im Marketing oder im Vertrieb jeweils verschiedene Logiken und Weltsichten vor. All diese Logiken bzw. Weltsichten sind wichtig. Sie sind in sich meistens geschlossen und widerspruchsfrei. Häufig stehen sie jedoch zur Logik anderer Unternehmensbereiche in großer Spannung. Was passiert nun, wenn diese Spannung als negativ erlebt wird und der daraus resultierende Konflikt personalisiert wird? Das heißt, man findet den Vertrieb doof, wenn dieser beispielsweise eine andere Meinung bezüglich eines Themas hat. Diese Personalisierung von Rollen, von Logiken, die alle wichtig im Unternehmen sind, ist eines der größten Probleme. Anstatt zu sagen: Hey, du verdienst dein Geld dadurch, dass du genau das machst, was du gerade machst, personalisiert man die Konflikte und dann verhärten sich häufig die Fronten.

„Ein Unternehmen ist praktisch um den Konflikt herum organisiert."

Dr. Reinhard K. Sprenger

Sie haben vorher gesagt, Konflikt ist auch eine Bereicherung für die Innovationskraft eines Unternehmens. Sollten die Konflikte beibehalten oder gelöst werden? Was ist Ihre Empfehlung?

Ich glaube, man muss sehr grundsätzlich werden. Für mich hängt die Handhabung eines Konflikts im Wesentlichen vom Begriff des Konflikts an sich ab. Was denken wir über den Konflikt? Wenn wir diesen vermeiden und ihn als negativ erleben, dann sieht der Umgang ganz anders aus, als wenn ich den Konflikt als Lebensquelle des Unternehmens sehe. Für diese Haltung gelten ein paar im Grunde sehr einfache Einsichten als sehr hilfreich. Zum Beispiel dass man anerkennt, dass alle Dinge des Lebens mehrdeutig, ambivalent und nicht universal gültig sind. Da alle Menschen unterschiedliche Erfahrungen gemacht haben, deuten sie die Dinge auch jeweils anders. Deshalb ist Individualität immer different und Bewertungen sind unterschiedlich. Nichts ist eben nur gut oder nur schlecht, weshalb Subjektivität immer die Essenz bedeutet. Das heißt, Konflikte sind die Regel und Harmonie ist die Ausnahme. Wenn Konflikte die Regel sind, müssen wir auch anerkennen, dass Menschen eigene Interessen und Ziele im Leben haben, die sich nicht mit denen anderer decken. Deshalb kann Konfliktmanagement nicht leisten, dass sich unterschiedliche Interessen plötzlich auflösen. Das ist ein ganz zentraler Aspekt. Wir brauchen beides und deshalb sind Konflikte eine dauerhafte Begleiterscheinung sowohl des menschlichen als auch des unternehmerischen Lebens und prinzipiell nicht lösbar, weil sie sich nicht auflösen. Sie sind nur besser handhabbar. Egal ob man das dann Kompromiss nennt oder situative Lösung. Grundsätzlich müssen wir anerkennen, dass es hilfreich ist, immer die andere Seite zu sehen und situativ – zum Beispiel relational zu dem, was auf den Märkten stattfindet – immer wieder neue Balancen zu finden.

Wie bekommen Sie es hin, dass Konflikte auch ausgehalten werden, bei einer Belegschaft, die es bisher gewohnt war, dass Harmonie die Regel sein sollte?

Wir haben immer zwei Möglichkeiten zu arbeiten: Wir können am Individuum arbeiten oder wir können an der Institution, der Struktur arbeiten. Es ist wichtig, beides zu tun: sowohl dafür zu sorgen, dass der Einzelne Einsicht hat, als auch

Strukturen zu schaffen, die sich ganz bewusst immer wieder neu balancieren müssen. Als Führungskraft trage ich dafür Sorge, dass nicht ein Subsystem innerhalb des Unternehmens, egal ob das Vertrieb, Marketing oder Produktion ist, dauerhaft die Oberhand gewinnt. In vielen Unternehmen haben zum Beispiel Controller das Haupt-Paradigma in der Hand. Wenn diese das dauerhaft, radikal und ausschließlich haben, dann wird es schwierig. Ein Wechsel der Perspektive erscheint hier ausgesprochen hilfreich. Im Mikrokosmos ist jeder dafür verantwortlich, dafür zu sorgen, dass der andere mit seinen Interessen und Erwartungen zur Geltung kommt. Wenn ich den anderen überzeuge, habe ich die Komplexität, aber auch die Vitalität des Unternehmens reduziert.

Wenn ich sage „Im Unternehmen ist jeder Sieg eine Niederlage", ist genau das gemeint. Viele Menschen haben zum Beispiel die Auffassung, dass ein Konflikt ein Wettbewerb ist und das bessere Argument siegt. Man kann das mal situativ haben, aber deshalb ist die andere Seite nicht plötzlich weg, sondern sie hat auch ihre Gültigkeit. Ich kann keine Stabilität ohne Wandel haben und keinen Wandel ohne Stabilität. Wenn ich sage, wir haben eine Vertrauenskultur, dann ist das falsch, das ist naiv. Denn natürlich braucht man auch Misstrauen und Kontrolle im Unternehmen. Die Frage ist nur, wo, was und in welchem Ausmaß. Das heißt, wir brauchen beides. Das finde ich sehr wichtig. Otto Rehhagel, der Fußballtrainer, hat einmal gesagt: „Man kann nicht permanent langfristig planen und kurzfristig immer verlieren."

Zum Beispiel gerade die derzeitige Situation: Homeoffice. Im Volksmund sagt man ja: „Das ist wie Arbeiten ohne Zähneputzen." Es ist eine nette Idee und ich denke auch, wir müssen uns öffnen. Vor dem Hintergrund der Corona-Erfahrung kann das Homeoffice eine sinnvolle Form des Arbeitens sein. Ein Unternehmen ist jedoch vorrangig eine Kooperationsarena, die auf der Idee der Zusammenarbeit aufgebaut ist. Zusammenarbeit ist dabei auch auf physische Beobachtbarkeit angewiesen. Dann gibt es oft einen Konflikt zwischen den Interessen des Unternehmens und denen der Mitarbeiter. Und das muss ich balancieren.

Wenn die Mitarbeiter gerade mehrheitlich sagen: „Homeoffice ist klasse!", dann ist das Unternehmensinteresse dagegen zu lagern. Auf der Basis aktueller anthropologischer Forschungsergebnisse wäre es naiv, das Unternehmen aufzulösen in Koordination von Einzelleistungen.

„Ein Unternehmen ist vorrangig eine Kooperationsarena."

Dr. Reinhard K. Sprenger

Sie schreiben in Ihrem Buch, dass ich als Person immer die Freiheit habe, in einen Konflikt einzusteigen und auch wieder herauszugehen. Sie erwähnen dort explizit, dass es immer die eigene Person ist, die das tut.

Ja, ich finde es sehr wichtig, dass mir niemand einen Konflikt aufzwingen kann. Ich entscheide mich dafür oder dagegen. Jeder, der im Unternehmen arbeitet, kennt den Satz „Pick your fights" – der ist universal gültig. Wenn ein Mensch in einen Konflikt einsteigt, sagt er noch ‚Ja' zu einer Gemeinsamkeit und zu einem zukünftigen gemeinsamen Weg. Ich glaube, in letzter Konsequenz ist die Handhabung eines Konflikts abhängig davon, ob wir mit diesem Menschen eine gemeinsame Zukunft erfahren. Dann steige ich ein. Dann sage ich ‚Ja'. Wir wissen aus der Familientherapie, wenn Menschen sich getrennt haben: Wann war es eigentlich vorbei? An dem Punkt, an dem wir aufgehört haben zu streiten. Zudem ist es hilfreich, ein gemeinsames Problem zu haben, das es zu lösen gilt. Das ist zum Beispiel auch die beste Basis, um sich aufeinander zuzubewegen und eine Eskalation des Konflikts zu verhindern. Denn in letzter Konsequenz ist ein guter Umgang mit einem Konflikt keine Frage von Technik. Dass wir in Seminaren lernen, wie man zum Beispiel Fragen stellt und so weiter, ist zwar alles hilfreich, aber in letzter Konsequenz ist es eine Frage des Willens. Es geht nicht um Konsens, sondern um ein gemeinsames Weitermachenwollen. Das ist der entscheidende Punkt.

Sie erwähnen in Ihrem Buch: Wenn die Kinder aus dem Haus sind, kommen Ehen häufig auch in einen Konflikt, weil sie kein gemeinsames Ziel haben. In Unternehmen sind die Ziele oft für einige Mitarbeiter nicht transparent. Heißt das im Umkehrschluss, dass diese als das Verbindende stärker in den Mittelpunkt gerückt werden sollten?

Ich bin da grundsätzlich skeptisch. Ich glaube, die meisten Unternehmen sind gut beraten, sich mehr als bisher vom ICH zum WIR zu bewegen. Ich glaube aber auch, dass natürlich in letzter Konsequenz jeder Einzelne für sich entscheidet, ob es ihm dort gut geht und was der Sinn seines Handelns ist. Das ganze „Purpose"-Geraune, was wir derzeit hören, ist dermaßen unterkomplex – zum Totlachen. Ich glaube, dass wir an dem arbeiten, was für uns wichtig ist. Das ist nicht das große Unternehmen, sondern das sind Nachbarschaften. In diesen Nachbarschaften artikuliert sich alles, was wir händeringend suchen, also das Gefühl, zu Hause zu sein, das Gefühl, eine gemeinsame Sache zu machen, sich wechselseitig zu unterstützen. Für das Thema Motivation ist dies unentbehrlich – das Gefühl, gebraucht zu werden, dass es auf mich ankommt. Ich glaube nicht, dass es sich in den Griff kriegen lässt, indem ich beispielsweise irgendwie versuche, das Verbindende hochzufahren. Ich glaube, dass es wichtig ist, das Unternehmen von außen nach innen zu denken, und zwar von den Kundenproblemen aus zu denken. Wenn wir Kundenprobleme in den Mittelpunkt unserer Struktur stellen, reden wir nicht mehr über Abteilungen, sondern über zwei, drei, vier, fünf, vielleicht auch zehn Leute, die sich um ein konkretes Kundenproblem gruppieren und dort die Zusammenarbeit als sinnvoll erleben.

Dass die Organisation sich aktuell nur sehr selten um den Kunden dreht, beschreiben Sie wunderbar in einem Ihrer Bücher.

Die Unternehmen behaupten das immer. Im Grunde ist die Perspektive der meisten Unternehmen von innen nach außen gerichtet, sodass sie dann etwas verkaufen, vertreiben oder was auch immer. Sehr häufig dominiert dann in einem Unternehmen eine interne Lobby. Man redet dann von Werten oder von Unternehmenskultur. Das ist nicht nur naiv, das ist auch dramatisch unterkomplex. Die einzige Unternehmenskultur, an der wir uns zu orientieren haben, ist der Kunde, der freiwillig Geld für unsere Produkte und Dienstleistungen auf den Tisch legt.

Sie beschreiben im Buch „Magie des Konflikts" zwei grundsätzliche Sichtweisen: Den personenzentrierten Ansatz nach Freud und die systemische Sicht nach Luhmann bzgl. der Frage „Wie kommt es eigentlich zum Konflikt?". Wie würden Sie das beschreiben, wenn wir Konflikte anschauen, zum Beispiel im privaten oder im unternehmerischen Kontext?

Man kann das am Beispiel des Betriebsrates beschreiben. Warum rennen Leute zum Betriebsrat? Die freudianische Sicht: Leute brauchen Unterstützung, Hilfe, Solidarität – sie können sich vielleicht nicht so artikulieren. Die systemische Sicht: Weil es einen gibt, weil er da ist. Ich finde es ausgesprochen wichtig, dass man anerkennt, dass jede Institution im Unternehmen – das heißt auch jede Führungskraft, jede Mitarbeiterbefragung, jedes Instrument – im Grunde einen Markt bildet, der eine angebotsinduzierte Nachfrage erzeugt. Das heißt, ich habe solch einen Menschen, der dasitzt und verantwortlich für irgendetwas ist. Dann erzeugt dieser um sich herum jede Menge Nachfrage, eben weil er da ist. Ich nehme mir mal ein konkretes Beispiel: Mitarbeiter haben einen Konflikt und da gibt es eine Führungskraft. Was machen sie? Sie gehen zur Führungskraft und sagen: Du musst das jetzt entscheiden. Das enthebt sie aber auch der Verantwortung, sich selbst zu überlegen, wie sie mit der Situation klarkommen. Das ist genau diese Schwierigkeit, die wir haben. Ich möchte vor allen Dingen auch mit Blick auf Transaktionskosten – schlicht Bürokratie – immer dafür plädieren, dass die Konflikte, die wir erleben, nicht nur auf die individuelle Psychodynamik eines Menschen zurückzuführen sind, sondern auch auf die Struktur. Und dass man dabei auch den Spiegel auf sich selbst richtet und fragt: Was tue ich oder die Struktur eigentlich dazu, dass wir diesen Konflikt haben? Das scheint mir ausgesprochen hilfreich zu sein. Meine Wahrnehmung dazu ist in den meisten Fällen umgekehrt. Die allermeisten Führungskräfte rechnen sich selbst aus den von ihnen beobachteten Konflikten vollständig heraus. Sie tun so, als ob es eine Beobachtung ohne Beobachter gäbe und das ist natürlich naiv.

„Die allermeisten Führungskräfte rechnen sich selbst aus den von ihnen beobachteten Konflikten vollständig heraus."

Dr. Reinhard K. Sprenger

Sie bieten innerhalb des Buchs eine Übung an, „Das Schattenprinzip nach Jung". In der Übung stellt man sich einen Menschen konkret, ganz detailliert vor, den man selbst als Kotzbrocken empfindet. Und ich löse jetzt nicht auf, was dabei rauskommt. Aber es ist wirklich eine sehr spannende Übung! Ich empfehle allen, die dieses Interview lesen, sie für sich selbst durchzuführen.

Die habe ich im Studium immer gemacht und war immer erschrocken, wie sehr ich mich da selbst erkannt habe als positives Abziehbild dieses Kotzbrockens. Das ist völlig klar.

Was würden Sie sagen, wenn wir das Konfliktbewusstsein und Konflikte im Unternehmen auf den Finanzbereich beziehen? Was könnten Manager in den Banken und Versicherungen mit den aktuellen Herausforderungen des Wandels tun? Wie können sie die belebende Kraft des Konflikts für sich und das Unternehmen nutzbar machen?

„In die Zukunft schauen – und nicht in die Vergangenheit."

Dr. Reinhard K. Sprenger

Ich glaube, dass die Versicherungswirtschaft oder auch die Automobilindustrie im Grunde in einer ähnlichen Situation sind. Man kann sagen, dass sie es jahrzehntelang vermieden haben, die erwartbaren Konflikte, die auf sie zukommen, tatsächlich anzugehen. Das heißt, sie haben immer gewartet und gewartet. Dann kommt eine Situation, wo ich nicht länger wegschauen kann. Das haben wir im Individuellen ganz genauso. Eine der wesentlichsten Regeln beim Konfliktmanagement – selbst im privaten Umfeld – ist: Du hast kein Recht, alten Ärger zu präsentieren. Das heißt: Wir haben eine Situation, die lange zurückliegt, wir wissen um die Probleme und dann plötzlich fliegt uns die Sache um die Ohren.

Mir scheint es ausgesprochen wichtig zu sein, dass wir anerkennen, dass wir zunächst einmal nicht externalisieren, also nicht auf die Umstände und nicht auf den anderen verweisen. Sondern dass ich auf mich schaue und mich in konkreten Konflikten auf das Beobachtbare konzentriere, also darauf, was zwischen den Beteiligten passiert, und dabei beharrlich an einer konkreten Situation bleibe, die ich nicht verallgemeinern kann. Und ganz wichtig: In die Zukunft schauen – und nicht in die Vergangenheit. Viele Organisationen stellen die Frage: Wie konnte das passieren? Es ist völlig irrelevant, wie das passieren konnte. Im Regelfall gilt: Wer die Ursachen sucht, will beschuldigen. Wenn wir aber in die Zukunft gucken wollen, dann müssen wir immer wieder klar machen: Wenn wir wissen, wie wir den Karren in den Dreck gefahren haben, dann wissen wir noch nicht, wie wir ihn wieder herausbekommen. Also ein Blick in die Zukunft, nicht nur in die Vergangenheit, das scheint ein ausgesprochen wichtiger Aspekt zu sein. Und gerade in der Corona-Zeit gäbe es ja durchaus eine Chance zu radikaleren Schritten.

In Ihrem Buch schreiben Sie sinngemäß: Das Leben ist kein Zustand, sondern eine Bewegung, oder: Das Leben heißt, auf dem Drahtseil zu stehen, und alles andere ist Warten. Was genau meinen Sie damit?

Ja, letztlich geht es in diesem Spiel der Ambivalenz und der Mehrdeutigkeiten darum, sich immer wieder klarzumachen, dass man niemals ankommt. Man kann das Lebensspiel nicht gewinnen, man kann es nur spielen. Und das gilt auch für Konflikte. Man sollte keine Konflikte gewinnen, sondern gewissermaßen immer wieder neu balancieren und in Bewegung bleiben, das ist eigentlich der zentrale Aspekt. Wenn Menschen über Werte sprechen, sage ich: „Diskutiert über Werte und Orientierung, aber legt sie niemals fest." Sobald sie einmal fixiert sind, wird es unterkomplex und man entfernt sich von der Wirklichkeit, da diese in Bewegung ist.

„Man sollte keine Konflikte gewinnen, sondern gewissermaßen immer wieder neu balancieren."

Dr. Reinhard K. Sprenger

Sie kennen bestimmt auch die Frage: „Mensch, Dr. Sprenger, wie soll man das denn jetzt machen? Was ist denn so ein Best Practice Beispiel?" Davon halten Sie nicht so viel. Möchten Sie einmal ausführen, warum?

Zunächst einmal ist jeder Mensch ein Individuum. Individuum heißt unteilbar und auch jedes Unternehmen ist individuell. Ich glaube, dass ein Unternehmen gut beraten ist, nicht auf den Wettbewerb zu schauen und sich nicht mit anderen zu vergleichen. Ähnlich wie im Privaten ist der Tod jeden Glücks der Vergleich. Genauso ist es im Unternehmen. Best Practices oder Benchmarking ist der sichere Weg, stets zweiter Sieger zu sein. Ich halte es für ausgesprochen hilfreich, sich auf seine eigenen Stärken, auf seine Besonderheiten zu konzentrieren. Wir haben alle einmal gelernt ,unterscheide dich oder stirb'. Um seinen eigenen Weg zu gehen, scheint ein höheres Maß an Selbstbewusstsein notwendig zu sein. Seien Sie unverwechselbar, zum Beispiel auch aus der Sicht des Kunden. Das ist der einzige Weg, ein sowohl sinnvolles wie auch erfolgreiches Leben zu führen.

Was ist der erste Schritt, wenn ich meine eigene Konfliktfähigkeit oder den Umgang mit Konflikten verändern oder verbessern möchte? Was könnte da ein Anfang sein?

„Schau die Dinge von mehreren Seiten an."

Joni Mitchell

Das wäre wieder eine Generalisierung, die ich im Grunde vermeiden möchte. Wenn ich mich persönlich sehe, dann muss ich auch meine Erfahrung sehen. Ich habe zum Beispiel die Neigung, bei Konflikten nach Klarheit und Konsequenz zu suchen. Meine Aufgabe in meinem Leben ist es, anzuerkennen, dass die Unklarheit viel lebenspraktischer ist, was mir aber viele Bauchschmerzen bereitet. Das kann ich nicht für andere Menschen generalisieren und sagen: Das könnte für dich auch so sein. Schau auf die andere Seite – wenn du etwas gewinnst, schau dir auch den Verlust an. Wenn du jemanden förderst, schau dir auch an, was du beispielsweise vernachlässigt oder diskriminiert hast. Also wie Joni Mitchell es Anfang der 70er Jahre in ihrem wunderbaren Song „Both Sides Now" gesungen hat. Das heißt, schau die Dinge von mehreren Seiten an!

Ich glaube auch, wenn es um Konflikte geht, ist das ein ganz wesentlicher Punkt. Vielen Dank, Dr. Reinhard K. Sprenger, für unsere wundervolle Unterhaltung. Danke, dass Sie Ihre Insights aus dem Buch und Ihre Erfahrungen hier mit den Hörerinnen und Hörern geteilt haben und dass Sie Teil meines Podcasts sind.

Ich danke Ihnen auch.

Buchempfehlung: „Magie des Konflikts": **https://bit.ly/3wgeD8E**

Tipp:
QR-Code scannen und Podcastfolge erneut anhören
oder über diesen Link: **https://apple.co/3GUv4NO**

Die Transformation der Sparkasse Bremen – mit Pranjal Kothari

Diese Podcastfolge erschien am 11. April 2022.

VORSTELLUNG VON PRANJAL KOTHARI

Pranjal Kothari ist seit 2020 CDO (Chief Digital Officer) bei der Sparkasse Bremen und Mitglied im Vorstand des Finanzdienstleisters. Er hat verschiedene berufliche Stationen durchlaufen, angefangen von BCG, der Deutschen Börse, über die Unicredit und Fintech Solutions. Er ist verantwortlich für den Wandel der Sparkasse und beschäftigt sich überwiegend mit Strategie- und Transformationsthemen im Finanzsektor. Er hat umfangreiche Erfahrungen mit Change-Prozessen, der Entwicklung von digitalen Produkten sowie der Einführung agiler Methoden.

ESSENTIALS:

» Sparkassen verlieren den physischen Zugang und die Relevanz für ihre Kunden.

» Lösungsansätze der Sparkasse Bremen:
>> » Kunden im Vertrieb ganzheitliche und nutzerzentrierte Lösungen bieten
>> » Integraler Bestandteil der lokalen Community sein
>> » Organisation agil und flexibel aufstellen

» Umsetzung von Agilität und Flexibilität durch Netzwerk-Organisation mit nur einer Hierarchie (Vorstand) und nicht-territoriales-Arbeiten in einem neugebauten Campus

Bereits vor dem Ukrainekonflikt ist das Geschäftsmodell einer Sparkasse nicht ganz leicht gewesen. Wenn du an die Zukunft einer Sparkasse denkst, wie sieht die für dich aus?

Ich glaube ernsthaft, uns geht es noch viel zu gut. Wir nehmen die Dringlichkeit und den Bedarf des Wandels noch nicht wirklich wahr oder wollen es zumindest nicht wahrhaben. Und das verschärft sich natürlich jetzt mit jeder Krisensituation. Der Krieg in der Ukraine ist eine Krise und menschlich eine unmöglich schwierige Situation – das sollte jetzt im Fokus stehen. Aber auch für das Geschäftsmodell der Banken kann es als Weckruf dienen, um uns auf den Weg zu machen, den wir dringend notwendig haben.

Du bist jetzt seit knapp zwei Jahren im Vorstand der Sparkasse Bremen; was war für euch der Ausgangspunkt, euch auf den Weg zu machen und viel Neues zu bewegen?

Der Anfang war noch vor meiner Zeit. Es ist ungefähr vier bis fünf Jahre her, als wir angefangen haben, uns in der Sparkasse Bremen Gedanken zu machen, wie die Zukunft einer Sparkasse und die Zukunft des Bankings sein könnte. Die Antwort, die wir gefunden haben, war sehr ernüchternd. Wir haben gesehen, dass wir zunehmend die Verbindung zu unseren Kunden verlieren. Einerseits die Schnittstelle, andererseits auch die Relevanz. Es ist kein Geheimnis, dass über 1.000 Fintechs, Proptechs und Insurtechs alleine in Deutschland die Sparkassen von allen Seiten angreifen. Die erfolgreichsten Finanzprodukte der letzten Jahrzehnte waren PayPal und Apple Pay. Wir haben tatsächlich eine Situation, wo wir als Sparkasse sehr schnell in eine lebensbedrohliche Situation kommen könnten.

„Wir haben gesehen, dass wir zunehmend die Verbindung zu unseren Kunden verlieren."

Pranjal Kothari

Wie kann eine Sparkasse in diesem eben erwähnten Umfeld Zukunft haben?

Die Antwort kann und muss nur über den Kunden gehen. Wir Sparkassen sind in der Vergangenheit erfolgreich gewesen, weil wir sehr nah am Kunden waren. Einerseits physisch präsent, aber auch durch das Verständnis von Kunden und Beziehungen, die über Jahrzehnte und Generationen aufgebaut wurden. Wir haben teilweise Firmenkunden, die über 100 Jahre bei uns sind oder auch Privatkunden, wo die Familie über 100 Jahre bei uns ist. Das ist eine wahnsinnig große Stärke. Für uns war immer die Frage: Wie schaffen wir es, diese Stärken zu nutzen, um weiterhin für die Zukunft erfolgreich zu sein – ohne uns zu verstellen? Wir haben für uns drei Wege, drei Säulen unserer Strategie, definiert.

Die eine ist: Wir finden Lösungen für unsere Kunden. Wir sind weggegangen davon zu sagen, wir verkaufen Bankprodukte oder Dienstleistungen, sondern: wir finden Lösungen für unsere Kunden. Das können Wettbewerber sein, das können auch komplett bankfremde Produkte sein. Weil wir nah am Kunden und lokal präsent sind, weil wir das Vertrauen unserer Kunden genießen – deshalb haben wir die Möglichkeit, ganz andere Probleme für unsere Kunden zu lösen, als nur Finanzprodukte anzubieten. Die zweite Säule ist: Können wir – und das kann jede lokale Sparkasse – einen Beitrag dazu leisten, dass die lokale Community, die Kommune, die Stadt, die Region näher zusammenwächst, indem wir verschiedenste Teile der städtischen Wirtschaft bewusst in einem Ökosystem näher zusammenbringen? Das können Themen sein wie: Wie bringe ich die richtigen Start-ups, die digitale Lösungen haben, mit Unternehmen zusammen, die zwar Geld haben, aber sehr oft mit Digitalisierungsthemen kämpfen? Oder wie bringe ich den Einzelhandel zusammen mit den Privatkunden, zum Beispiel mit einer klugen Mobilitätslösung, um die Innenstadt wieder zu beleben? Also große Themen, die uns auch gesellschaftlich bewegen. Ohne uns dabei in die Politik einzumischen, fragen wir uns: Was sind die ganz kleinen Schritte, die wir aus eigener Kraft gemeinsam mit unseren Kunden für die Stadt einleiten können? Die dritte Säule: Wie müssen wir selbst aufgestellt sein, so dass wir nicht nur von Kundenzentrierung und Kundenfokus reden, sondern es jeden Tag leben? Dazu gehören Flexibilität und Agilität, dazu gehört aber auch, dass die Entscheidungen nicht nur regulatorisch oder nur IT-definiert sind, sondern wirklich vom Kunden aus gedacht und betrieben werden.

Ihr habt im Vorstand darüber diskutiert und euch diese drei Säulen gegeben, wie ging es denn danach weiter? Wie habt ihr den Geist der Diskussion in das Unternehmen getragen?

Es war eine sehr lange, intensive, teilweise emotionale Diskussion, weil wir grundsätzlich unser erfolgreiches Arbeitsmodell der letzten Jahrzehnte auf den Kopf gestellt haben. Das war die Schwierigkeit dabei. Es ist viel einfacher, Change oder Transformation einzuführen, wenn das Unternehmen kurz vor dem Bankrott steht. Es ist viel schwieriger, Menschen zu überzeugen, dass eine Notwendigkeit für die Zukunft besteht, wenn es uns heute noch sehr gut geht. Und deshalb waren die Diskussionen nicht immer leicht. Aber da sind wir ständig drangeblieben. Viele hatten z. T. berechtigte Bedenken, wie so ein Modell funktionieren kann. Wir sind darüber ständig im Gespräch gewesen mit allen Kolleginnen und Kollegen. Es hat dazu geführt, dass immer mehr Verständnis für das Modell da ist. Wir haben immer noch nicht 100 Prozent unserer Kolleginnen und Kollegen überzeugen können, aber es werden immer mehr.

„Es ist viel einfacher, Change oder Transformation einzuführen, wenn das Unternehmen kurz vor dem Bankrott steht."

Pranjal Kothari

Jede der Säulen ist wichtig. Du sagtest, die dritte Säule beinhaltet Flexibilisierung und Agilität. Was waren für euch die nächsten Schritte, um diesem Ziel ein Stück näher zu kommen?

Das haben wir in drei Unterschritte aufgeteilt. Du merkst den Ex-Berater in mir. Also 3×3-strukturiert. Diese Struktur haben wir im Nachhinein festgelegt. Der erste Schritt war: Wie treffen wir überhaupt Entscheidungen? In den meisten Organisationen und Instituten ist es so, dass die Entscheidungen sehr weit weg von den Kunden getroffen werden. In unserem alten Organisationsmodell war es so, dass bei den zwei Vertriebsbereichen, Privat- und Firmenkunden, die Entscheidungen in den ersten zwei Ebenen getroffen wurden, also von Vorstand und Direktoren, und in dem Stab auch in der dritten und vierten Ebene, also Controlling, Personal, Orga und so weiter. Da waren sehr viele Menschen dabei, die seit 20, 30 Jahren bereits keinen Kunden mehr gesehen haben – manchmal auch nie im Leben. Gleichzeitig haben die Menschen in der Filiale, die jeden Tag mit Kunden reden und daher auch ein ganz anderes Verständnis für Kunden haben, keine wesentliche Entscheidung getroffen. Wir haben gesagt: Das kann langfristig so nicht gut ausgehen. Da haben wir einen Dissens zwischen wie wir Entscheidungen treffen und die sich schnell ändernde Realität unserer Kunden. Deshalb sind wir im ersten Schritt zum sogenannten Netzwerk-Modell übergegangen. Eine Netzwerk-Organisation ist in der Theorie hierarchielos und in unserer Praxis fast hierarchielos. Wir haben eine Hierarchieebene, das ist der Vorstand. Wir sind eine Aktiengesellschaft und ein beaufsichtigtes MA-Risk Institut, da geht es einfach gesetzlich nicht ohne Vorstand. Aber wir versuchen, die Funktion des Vorstands auf das gesetzliche Minimum zu reduzieren und alles andere an Entscheidungskompetenz, Entscheidungsmacht in den Teams zu sehen.

Wie kann ich mir das vorstellen? Eine Netzwerk-Organisation ist ein ganz großer Unterschied zu dem, wie wir es irgendwann mal im Studium gelernt haben. Ihr seid eine große Sparkasse und dort gibt es Menschen, die lange dafür gearbeitet haben, zum Beispiel Direktor zu werden. Wie habt ihr das von der Idee, eine Netzwerk-Organisation zu werden, in die Umsetzung gebracht?

Wir haben uns die Frage gestellt, und zwar auch öffentlich mit der ganzen Mannschaft: Warum will jemand zum Beispiel eine Führungskraft werden? Und wir kamen auf drei Gründe. Der eine war: Ich will Sachen bewegen und einen Impact haben. Und da haben wir gesagt: Das könnt ihr jetzt viel mehr als vorher im alten Modell. Du musst nicht warten, bis in der Pyramide die letzte Hierarchiestufe etwas freigibt, sondern jeder kann selbst entscheiden. Also deutlich mehr Entscheidungs- und Gestaltungsfreiheit als vorher.

Der zweite Grund war auch verständlich: Ich will Karriere machen, ich will mehr Verantwortlichkeit haben und mehr Geld verdienen. Da ist es heute zwar unklarer, aber deutlich einfacher als in der Vergangenheit. In der Vergangenheit bin ich die Pyramide nur dann einen Schritt weitergegangen, wenn mein Chef oder meine Chefin selbst einen Schritt weiter oder in den Ruhestand gegangen ist oder das Unternehmen verlassen hat. Jetzt haben wir die Möglichkeit, dass jeder von uns seine Aufgaben selbst definieren und sich weiterentwickeln kann. Wir haben deutlich mehr Weiterbildungsangebote als vorher und freie Wahl, uns weiterzuentwickeln. Dadurch entstehen Möglichkeiten, das Verantwortlichkeitsspektrum und auch mein Gehalt irgendwann zu verbessern.

Als dritten Grund, warum jemand Führungskraft wird, haben wir identifiziert: Ich will Macht über andere Menschen haben. Ich will Kontrolle über andere Menschen haben. Da haben wir klar gesagt: Wenn das der Haupttreiber dafür ist, dass jemand Führungskraft werden will, dann ist er falsch bei uns. Genau diesen dritten Grund wollen wir in unserer Organisation nicht haben. Bei den ersten beiden geben wir euch viel mehr Freiheit, viel mehr Gestaltungsspielraum, viel mehr Möglichkeiten, als es früher gab.

„Jetzt haben wir die Möglichkeit, dass jeder von uns seine Aufgaben selbst definieren und sich weiterentwickeln kann"

Pranjal Kothari

Spannend. Es gibt Menschen, die den dritten Grund als Antrieb empfinden. Wie seid ihr mit denen umgegangen?

Wir haben tatsächlich ein paar Menschen verloren, aber nur wenige. Es war interessant zu sehen, denn die wenigsten Menschen sind nur von einem der drei Punkte getrieben. Es ist meistens eine Mischung aus den dreien – mal mehr, mal weniger. Bei den meisten war es ein längerer Prozess mit viel in-sich-gehen, auf allen Seiten viel miteinander reden, viele neue Ideen ausprobieren und irgendwann haben wir das richtige Modell für uns gefunden.

Du hattest gesagt: Wir möchten die Entscheidungen näher dort treffen, wo die Menschen mit unseren Kunden interagieren. Wie genau trefft ihr eine Entscheidung, wenn es zum Beispiel um ein neues Produkt geht oder um das Thema AGB-Änderungsmechanismus?

Jeder und jede kann eine Entscheidung treffen. Es gelten dabei aber Regeln. Erstens: Die Entscheidung muss im besten Sinne der Kunden und der Sparkasse sein und darf nicht zur Eigenoptimierung dienen. Das heißt, ich kann nicht sagen, ich komme um 10 Uhr rein, bin um 14 Uhr fertig und mache zwischendurch eine Mittagspause. Zweitens: Keine Entscheidung zulasten Dritter. Das heißt, ich kann nicht entscheiden, dass mein Kollege am Nachbartisch irgendetwas machen muss. Dann muss ich ihn in die Entscheidung mit einbeziehen. Und das Dritte ist immer die relevanten Experten nach Einwänden fragen. Das Einwandkonzept ist wichtig. Es funktioniert so: Irgendjemand sagt „Ich sehe ein Kundenproblem oder ein internes Problem. Ich habe eine Idee, wie man es lösen kann", und trifft eine Entscheidung. Wir haben dabei den gesamten Entscheidungsprozess sehr transparent gestaltet. Auf unserem internen Tool Confluence werden die Entscheidungen getroffen und dokumentiert. Das heißt, jeder sieht, welche Entscheidungen getroffen werden, und hat die Möglichkeit, einen Kommentar einzugeben oder auch einen Einwand zu formulieren. Und wenn es um ein Produkt geht, das einen IT-Bezug hat, muss selbstverständlich als verantwortungsvolles Institut eine IT-Sicherheitsprüfung stattfinden. Alle Entscheidungen müssen compliant sein. Grundsätzlich können die Entscheidungen von jedem initiiert werden und die Experten haben dann Einwandsrecht. Und ein Einwand ist natürlich nicht „Finde ich doof", „Das haben wir immer anders gemacht" oder „Ich weiß nicht, warum wir es machen". Ein Einwand ist nur, wenn es entweder einen konkreten oder sehr wahrscheinlichen Schaden für die Sparkasse gibt. Wir haben die Beweispflicht umgekehrt und sagen: Derjenige, der einen Einwand hat, muss beweisen, dass es wirklich ein Einwand ist.

„Derjenige, der einen Einwand hat, muss beweisen, dass es wirklich ein Einwand ist."

Pranjal Kothari

Ihr habt auch einen Campus gebaut und habt euch räumlich verändert. Mit welcher Säule hatte das zu tun?

Das war der logische nächste Schritt. Wir haben gesagt, wenn wir ganz anders miteinander arbeiten wollen, hat das sehr viel mit Offenheit und Transparenz zu tun, aber auch mit menschlicher Interaktion, trotz aller Digitalisierung. Wir hatten zuvor das schönste Gebäude in Bremen. Ein klassisches Bank- oder Sparkassengebäude wie man es kennt. Marmorkundenhalle mit großen Säulen und fast 20 Meter hohen Decken und so weiter. Es war allerdings völlig ungeeignet für modernes Arbeiten. Also dicke Wände, wo kein WLAN durchgeht. Einzelne Räume, die dazu führen, dass man E-Mails schreibt, anstatt zu reden. Viele Türen, die immer zu waren. Und das ging sehr gegen das Prinzip der Zusammenarbeit, wie wir es in der Zukunft haben wollen.

„Die alten Räumlichkeiten waren völlig ungeeignet für modernes Arbeiten."

Pranjal Kothari

Deshalb sind wir ins neue Gebäude eingezogen. Ich sage bewusst eingezogen, nicht umgezogen, weil wir gar nichts oder fast gar nichts mitgenommen haben. Wir haben unseren Papierbestand um 99 Prozent reduziert, das ist auch Digitalisierung. Wir haben keinen Rechner, keine Stühle, keine Tische, gar nichts mitgenommen, sondern alles neu aufgebaut und waren dann damit automatisch auf dem modernsten Stand der Technik. Aber viel wichtiger als die Technik oder das Gebäude war das Zusammenarbeitskonzept. Wir nennen es nicht-territoriales-Arbeiten. Es gibt keine Einzelbüros, es gibt keine Büros generell, es gibt keine fixen Sitzplätze. Ich gehe in der Früh rein und suche den besten Platz, der heute oder für die nächsten Stunden für mich der Richtige ist. Manchmal will man in Ruhe arbeiten, dann haben wir die sogenannten Quiet Zones, manchmal hat man eine Besprechung mit Kollegen mit viel Interaktion, dann braucht man andere Räumlichkeiten.

Ihr habt euch ganz bewusst für einen Campus entschieden, der Transparenz und Offenheit unterstützen soll. Warum glaubt ihr an dieses Campus-Konzept? Welche Benefits merkt ihr? Denn ihr habt euch ganz bewusst dazu entschieden, eben nicht alle Menschen im Homeoffice verbleiben zu lassen.

Die Entscheidung stand schon vor Corona – es war trotzdem auch im Nachhinein die richtige Entscheidung. Wir sind mitten in Corona eingezogen. Deshalb werden die echten Vorteile unseres neuen Campus erst im Nachgang klar. Auch in einer Zeit, in der es immer mehr Möglichkeiten gibt, ortsunabhängig zu arbeiten, haben wir einen Ort geschaffen, wo Menschen gerne hingehen. Weil es schön ist, weil es eine großartige Interaktion mit Kollegen gibt, weil man viel besser zusammenarbeiten kann. Gleichzeitig kann man den Menschen mehr Freiheit geben, selbst zu entscheiden: Bleibe ich heute den vollen Tag oder nur den halben Tag oder komplett zu Hause?

Was sind in diesem Transformationsprozess hin zu New Work denn eure nächsten Schritte?

Bisher haben wir die organisatorischen Rahmenbedingungen geschaffen für eine ganz neue Arbeit. Wir haben die physischen Möglichkeiten geschaffen, und zwar nicht nur unseren neuen Campus, sondern auch in den einzelnen Filialen. Diese werden grundlegend umgebaut, um auch in dem komplett neuen Konzept arbeiten zu können. Was wir noch nicht haben, ist die Prozesswelt. Unsere 1.200 Prozesse, die die tägliche Arbeit regeln, sind streng regulatorisch konzipiert und eingeschränkt durch unsere IT-Möglichkeiten. Das heißt, die Freiheit, die wir uns organisatorisch geschaffen haben, können wir gar nicht ausnutzen. Daher gehen wir seit ein paar Monaten den nächsten Schritt. Wie müssen wir also prozessual aufgestellt sein, sodass die wertvolle Zeit der Menschen mit Menschen verbracht wird, also im besten Fall Kundenbetreuer mit Kunden? Es sollte nach Möglichkeit keine menschliche Zeit damit verbracht werden, dass einfach Zahlen von einem System ins andere kopiert werden oder irgendwelche Formulare ausgefüllt werden, die aus Kundensicht keinen Wert haben. Mit diesem Konzept gehen wir jetzt rein: Wie können wir die Prozesspunkte durchautomatisieren, wo keine Kundeninteraktion stattfindet beziehungsweise der Mehrwert der Interaktion für den Kunden nicht gegeben ist?

Wenn wir gemeinsam eine Zeitreise in die nächsten fünf Jahre machen, wo siehst du die Sparkasse Bremen und auch die S-Finanzgruppe in fünf Jahren?

Die Zukunft ändert sich viel zu schnell, um das vorhersagen zu können. Wenn ich das wüsste, würde ich wahrscheinlich auf den Aktienmärkten Geld investieren. Nein, Spaß beiseite. Ich glaube, der Trend ist trotzdem sehr klar. Corona war in Sachen Geschäftsmodell und Digitalisierung nicht etwas grundlegend Neues, sondern nur ein Beschleuniger. Und zwar, dass Kunden immer mehr Convenience wollen. Kunden wollen immer weniger Komplexität, weil das Leben schon komplex genug ist. Die Kunden wollen an die Hand genommen werden, unterstützt werden und nicht mit Fachbegriffen, die sie nicht verstehen, verwirrt werden. Wenn wir es schaffen – wir als Sparkasse Bremen, aber auch wir als die Sparkassen-Finanzgruppe – in diese Richtung zu gehen, dann haben wir den Kunden weiterhin bei uns. Und falls nicht, dann nicht.

„Kunden wollen immer weniger Komplexität, weil das Leben schon komplex genug ist."

Pranjal Kothari

Wenn wir ein Unternehmen oder ein Institut nehmen, was vielleicht noch am Anfang steht und sich auf einen ähnlichen Weg machen will, wie ihr ihn eingeschlagen habt. Was würdest dem Institut empfehlen?

Zwei Themen. Das erste wäre: Hört gut zu. Und zwar den Kunden, aber auch dem Team. Hört vor allem nicht nur auf die lautstarken Kunden, die sich jeden Tag in der Filiale beschweren, sondern auch die 70 oder 80 Prozent, die nicht einmal im Jahr in der Filiale sind. Was bewegt diese Kunden? Was sind ihre Probleme? Wenn wir das verstanden haben, können wir sie auch lösen. Und das zweite ist: Habt Mut, die Sachen anzufassen, anzugehen, die wir brauchen, um das, was wir von unseren Kunden gehört und verstanden haben, umzusetzen.

Super. Besten Dank, Pranjal, dass du uns so tief in eure Gedankenwelt und Schritte und Wege der Sparkasse Bremen mit reingeholt hast!

Tipp:
QR-Code scannen und Podcastfolge erneut anhören oder über diesen Link: **https://apple.co/3GVlmKX**

Nachhaltigkeit in Unternehmen – mit Erna-Maria Trixl

Diese Podcastfolge erschien am 07. Dezember 2021.

VORSTELLUNG VON ERNA-MARIA TRIXL

Erna-Maria Trixl war CSO bei den Stadtwerken München und beschäftigt sich schon fast ihr ganzes Berufsleben lang mit erneuerbaren Energien und Energiewirtschaft. Sie arbeitet heute als Beraterin und Aufsichtsrätin mit dem Schwerpunkt Nachhaltigkeit und Dekarbonisierung. Sie ist Beirätin des Berliner IoT-Unternehmens METR Building Management Systems und Aufsichtsrätin bei TRIG Ltd., einem börsennotierten britischen Infrastrukturfonds, der europaweit in Erneuerbare Energien investiert. Sie hat mehr als 20 Jahre Erfahrung in der strategischen und operativen Weiterentwicklung von Telekommunikations- und Energieunternehmen.

ESSENTIALS:

» Nachhaltigkeit besteht aus dem Dreiklang wirtschaftlicher Erfolg, ökologisch wertvoll sein und etwas Gutes für die Menschen tun.

» Die Generation Z stößt den Wertewandel hin zur Nachhaltigkeit an. Sie sind Kunden und ernstzunehmende Investoren.

» Banken spielen im Zusammenhang mit Nachhaltigkeit eine Doppelrolle: Einerseits als eigenständiges Unternehmen und andererseits als Geldgeber.

» Eine Nachhaltigkeitsstrategie muss fest in die Unternehmensstrategie integriert sein, um Wirkung zu entfalten.

» Den größten Handlungsbedarf haben Sparkassen beim Thema Ökologie – sowohl bei sich selbst als auch als Geschäftsfeld und Katalysator für ihre Kunden.

Sparkassen und Banken beschäftigen sich intensiv mit Nachhaltigkeit. Ich nehme diesbezüglich eine gewisse operative Hektik wahr. Was bedeutet für dich Nachhaltigkeit?

Nachhaltigkeit bedeutet auf alle Fälle immer, dass man als Unternehmen auf den langfristigen Unternehmenserfolg schaut, auf zukunftsfähige Produkte und Dienstleistungen. Das ist die Basis. Es bedeutet auch, dass man nicht nur ans Geldverdienen denkt, sondern auch mitdenkt, dass man etwas Gutes für die Gesellschaft und etwas Gutes für den Planeten Erde tut. Das ist eigentlich das Neue, dass man breiter denkt und sagt: Ich muss gesellschaftlich wertvoll sein als Unternehmen und ich muss auch – und das ist im Moment das aktuellste Thema – auf meine Auswirkungen auf den Planeten gucken. Wir schauen momentan vor allem auf CO_2-Emissionen, da wir wissen, dass die Erderwärmung maximal 1,5 Grad betragen darf und mehr als ein Grad haben wir schon. Deswegen ist es jetzt drei vor zwölf. Aus diesem Grund steht das Thema Ökologie, also CO_2-Emissionen, im Moment auch ganz stark im Vordergrund. Aber wichtig ist immer der Dreiklang wirtschaftlicher Erfolg, also Geld verdienen, ökologisch wertvoll sein, also CO_2-Emissionen reduzieren, und auch etwas Gutes für die Menschen tun. So will ich es mal zusammenfassen.

„Wichtig ist der Dreiklang wirtschaftlicher Erfolg, ökologisch wertvoll sein und etwas Gutes für die Menschen tun."

Erna-Maria Trixl

Dieser Dreiklang von Unternehmenserfolg, gesellschaftlichem Beitrag und dem Beitrag für die Umwelt hilft sehr, das Thema noch greifbarer zu machen. Welche weiteren Treiber, außer der von dir bereits erwähnten Klimaerwärmung, gibt es für dich?

Es ist ein gesellschaftlicher Wertewandel. Ganz besonders muss man sehen, dass die Millennials und in der Folge die Generation Z für diesen Wertewandel stehen. Diese Gruppe macht im Moment ca. 25 Prozent der Bevölkerung weltweit aus. Und sie zeigen diese Gesinnung in ihrer Rolle als Arbeitnehmer, in ihrer Rolle als Kunden und in ihrer Rolle als Investoren. Sie erwarten als Arbeitnehmer, dass das Unternehmen, für das sie arbeiten wollen, aktiv Nachhaltigkeitsaspekte berücksichtigt und vorantreibt und nicht nur Gesetze einhält. Sie erwarten als Kunden, dass sie gute Produkte kaufen und dass nachvollziehbar ist, dass diese Produkte gut sind. Und sie sind bereits wichtige Investoren. Sie haben jetzt schon 20 Milliarden US-Dollar an Vermögen, das sie investieren. Sie wollen eben nicht nur Geld verdienen. Das ist für Banken und Sparkassen ganz besonders relevant.

Wenn wir diesen Dreiklang aus Treibern, den du angesprochen hast, anschauen, ist die spannende Frage: Wie kann sich jetzt eine Bank oder Sparkasse diesem Thema annähern, nachdem man die Definition gefunden hat?

Ganz wichtig für Banken ist, dass man immer sehen muss, dass die Banken eine doppelte Rolle haben. Auf der einen Seite sind sie selbst Unternehmen und müssen nachhaltig wirtschaften. Auf der anderen Seite sind sie auch diejenigen, die den Wandel in der Realwirtschaft finanzieren sollen. Ich habe das vorhin nicht erwähnt, aber die Regulatorik ist ein wesentlicher Treiber. Mir ist dabei ganz wichtig, dass man eben nicht damit anfängt, Berichtsformate auszufüllen, sondern dass man bei der eigenen Strategie ansetzt und sich überlegt, welche Nachhaltigkeitsaspekte für meine Strategie wichtig sind. Welche sind für meine einzelnen Geschäftsfelder wichtig und was bedeuten Nachhaltigkeitsrisiken für mein Risikomanagement. Ich nehme jetzt einfach mal das Thema Ökologie und sage mir: Wenn ich jetzt an eine Sparkasse denke, dann hat die sehr häufig einen gewissen Immobilien-Bestand. Dann ist die Frage: Was mache ich mit diesem Immobilien-Bestand?

Wie hoch ist der CO_2-Fußabdruck der Immobilien heute und wie kriege ich das in der Zukunft verbessert? Und wie schaffe ich es, dass dieser Posten bis zu einem bestimmten Zieljahr, zum Beispiel 2035, CO_2-neutral ist? Das ist ein wesentlicher Aspekt, denn Gebäude generell machen 40 Prozent der CO_2-Emissionen aus.

Auf der anderen Seite habe ich natürlich auch das Geschäft für meine Kunden. Ich vergebe Kredite und verkaufe Anlageprodukte. Bei der Kreditvergabe ist es wichtig, wenn ich den Kauf eines Gebäudes finanziere, dass ich nicht mehr nur auf die Bonität des Kunden achte, sondern dass ich auch CO_2-Kriterien heranziehe. Also, dass ich nachfrage: Welche Effizienzklasse steht auf dem Energieausweis? Wie hoch ist denn der CO_2-Abdruck dieses Gebäudes? Das sind neue Aspekte, die ich wahrscheinlich bisher in meinem Kreditprüfungsprozess nicht drin habe. Das heißt, ich muss dann auch meinen Prozess anpassen. Ich muss außerdem meinen Mitarbeitern klarmachen, warum ich das mache. Und ich tue auch gut daran, meine Kunden rechtzeitig zu informieren, dass die Kriterien immer mehr erweitert werden und sicherlich auch über die Zeit immer härter werden. Und dass jemand, der ein Gebäude mit einem schlechten CO_2-Fußabdruck hat oder kauft, in Zukunft höhere Zinsen zahlt als jemand, dessen Gebäude eine gute Effizienzklasse hat. Es ist davon auszugehen, dass die Kosten für schlechte Energieeffizienz und hohe CO_2-Emissionen über die Zeit auch immer höher werden, so dass es wirklich wichtig ist, das den Kunden rechtzeitig klarzumachen. Das sind ein paar Aspekte, die ich in den Vordergrund stellen würde.

Ich sehe in diesem Zusammenhang eine Chance, dass die Bank auch der Begleiter sein kann, ökologische und energetische Sanierungsmöglichkeiten zusätzlich zu finanzieren. Du hast als Aufsichtsrätin einen breiteren Überblick über andere Branchen. Siehst du im Nachhaltigkeitsthema Chancen für neue Geschäftsmodelle oder -zweige?

Auf alle Fälle. Hier ist vor allem wichtig: Je früher man handelt, desto größer sind die Chancen. Wenn man die Kreditseite nimmt, glaube ich, ist es ganz wichtig, dass man die Kunden rechtzeitig darauf vorbereitet, sonst ist man irgendwann in der Situation, dass man einem langjährigen Kunden erklären muss, dass er jetzt 0,75 Prozent mehr für den Kredit bezahlen muss. Und es trifft ihn unvorbereitet. Das ist sicherlich nicht gut für die Kundenbeziehung.

Es ist wichtig, selbst mit gutem Beispiel voranzugehen, indem man, wenn man einen eigenen Immobilien-Bestand hat, diesen auch rechtzeitig CO_2-neutral gestaltet und zum Beispiel die Gebäudehülle saniert, die Heizung modernisiert und so weiter und auch die Kunden dabei begleitet. Die Finanzierung der Sanierung von Gebäuden ist ein wesentlicher Hebel in Richtung Reduzierung des CO_2-Abdrucks. Auch das ist Geschäftspotenzial für Sparkassen und ich glaube, dass diejenigen, die ihre Kunden an die Hand nehmen und proaktiv darauf ansprechen, die besten Chancen haben, wenn sie dazu gute Produkte anbieten. Ich sehe das sowohl auf der Kredit-Seite als auch auf der Anlage-Seite, sowohl für Geschäftskunden als auch für Privatkunden.

Wenn ich jetzt an die Anlageseite denke, dann hat man die Chance, grüne Produkte aufzulegen, solange es noch nicht so viele davon gibt, und gezielt die Kunden anzusprechen, von denen man weiß, dass es für sie wichtig ist. Man kann sich hier im Wettbewerb jetzt noch differenzieren, indem man eben grüne Anlageprodukte entwickelt, die den Kriterien gerecht werden, und sie aktiv verkauft. Ich glaube auf alle Fälle, dass frühes Handeln, vorausschauendes Handeln die erfolgreichere Variante ist. Wenn wir uns vorstellen, wie die Entwicklung weitergehen wird: Die Regularien werden immer härter werden und irgendwann wird eine Situation eintreten, dass es vielleicht für einen Kunden, der jetzt einen ökologisch schlechten Immobilienbestand hat, nicht mehr möglich sein wird, dafür eine Finanzierung zu bekommen. Das muss man antizipieren und deswegen ist es wichtig, dass man sich selbst als Sparkasse rechtzeitig darauf vorbereitet und die Chancen sucht und nutzt. Und dass man seine Kunden auch rechtzeitig darauf vorbereitet, indem man sie informiert und Wege und Lösungen für sie aufzeigt.

„Je früher man handelt, desto größer sind die Chancen."

Erna-Maria Trixl

Dann siehst du das Thema Nachhaltigkeit als integralen Bestandteil der Gesamthausstrategie, also nicht irgendetwas daneben, sondern fest im gesamten Strategieprozess, der sich mit den Dimensionen ‚Unternehmen, Gemeinwohl und Ökologie Erde' beschäftigt. Verstehe ich das richtig?

Ja, genau so. Es macht keinen Sinn, eine Nachhaltigkeitsstrategie zu entwickeln, die separat ist von der Unternehmensstrategie. Es ist sinnvoll, die Nachhaltigkeitsaspekte in die Unternehmensstrategie zu integrieren. Und da würde ich das so sehen, wie du es gerade gesagt hast. Also wenn ich jetzt das ESG nehme, die Buchstaben für Ökologie, Soziales und Unternehmensführung, dann würde ich das Thema Soziales schon sehr positiv bewertet sehen, einfach aufgrund der Gemeinwohlorientierung von Sparkassen.

„Nachhaltigkeitsaspekte sollten in die Unternehmensstrategie integriert werden."

Erna-Maria Trixl

Das liegt gewisser Weise in der DNA. Da würde ich den Handlungsdruck jetzt weniger groß sehen. Ich glaube, dass er beim Thema Ökologie größer ist, also das ganze Thema CO_2 und auch das ganze Thema Abbildung von Klima und Umweltrisiken im Risikomanagement und das Thema CO_2 eben bezogen auf die eigene Geschäftstätigkeit und auf die Geschäftstätigkeit von Kunden.

Beim dritten Thema – der Unternehmensführung – geht es darum, Mindestkriterien einzuhalten. Zum Beispiel beim Thema Korruption oder beim Thema Geldwäsche – was für eine Bank natürlich relevant ist. Hier gibt es klare Regelwerke, die sicherstellen, dass Gesetze und Regeln eingehalten werden.

Wenn wir das Thema Soziales nehmen, sehe ich als einen Aspekt, der dieses Jahr neu hinzugekommen ist, das Thema Lieferkettensorgfaltspflichtengesetz. Da geht es um die Einhaltung der Menschenrechte entlang der gesamten Lieferkette. Das gilt ab 2023 für alle Unternehmen mit mehr als 3.000 Mitarbeitern, ab 2024 schon ab 1000 Mitarbeitern. Dass diese Gesetze eingehalten werden, ist sicherlich etwas, was eine Sparkasse, wenn sie Kunden in dieser Größenordnung hat, in Zukunft berücksichtigen muss. Es ist sicherlich auch für alle Unternehmen eine große Herausforderung, weltweit darauf zu achten, dass von Zulieferern Menschenrechte eingehalten werden. Es ist davon auszugehen, dass dies in Zukunft auch für kleinere Unternehmen gelten wird, so dass man sich darauf vorbereiten muss, dass alle Unternehmen irgendwann diesen breiten Blick auf die Menschenrechte global haben müssen.

Beim Thema Ökologie würde ich vermuten, dass Sparkassen den größten Handlungsbedarf haben, aber auch die größten Chancen, weil es wirklich darum geht, dass Kunden ihre ganze Geschäftstätigkeit kohlenstoffärmer gestalten. Das heißt zum Beispiel, dass ein Energieversorger nicht mehr Strom aus Kohlekraftwerken erzeugt, sondern aus erneuerbaren Energien. Das ist ein Transformationsprozess, der Investitionen braucht. Das heißt zum Beispiel, dass der Baustoff-Händler eben nicht mehr Zement mit hohem CO_2-Ausstoß, sondern kohlenstoffarme Baustoffe vertreibt. Das sind alles Transformationsprozesse, die viel Geld brauchen. Daher sind sie sicherlich Chancen für Banken und Sparkassen.

Ich finde es sehr spannend, weil man sieht, es geht von diesem Dreiklang ‚Unternehmen, Gesellschaft und Erde' aus. Auf der anderen Seite sind die Verzweigungen, die das Ganze für Banken und Sparkassen macht, äußerst vielschichtig. Von der Situation der Gebäude im Eigenbesitz, über das Kreditgeschäft, die Begleitung des Transformationsprozesses als Finanzpartner für Firmenkunden bis zu den eigenen Anlageentscheidungen in den Depots. Und natürlich die Kundenseite. Darum deine Empfehlung, Nachhaltigkeit als integralen Bestandteil der Gesamtunternehmensstrategie zu sehen, um auch dieser Vielschichtigkeit gerecht zu werden, richtig?

Ja, auf alle Fälle. Es ist ein Thema für den Vorstand und die Geschäftsleitung. Es sollte auf alle Fälle strategisch angegangen werden und muss irgendwann natürlich runtergebrochen werden auf die Prozesse, zum Beispiel den Kreditprozess. Ich habe zwar gesagt, ich möchte von den Chancen und von der Strategie sprechen, aber es muss jedem auch klar sein, dass natürlich auch regulatorische Auflagen zu erfüllen sind. Und auch hier wieder die Botschaft: Je früher man damit beginnt, sich mit dem Thema auseinanderzusetzen und es umzusetzen, desto mehr Spielraum hat man, die Chancen zu nutzen und nicht nur die Regulatorik einzuhalten und Berichte auszufüllen sozusagen.

Was sind wirkliche Erfolgsfaktoren oder auch vielleicht Stolpersteine, wenn man sich mit diesem Thema beschäftigt? Was wäre deine Empfehlung, wenn man sich diesem Thema nähern möchte?

Also ganz wichtig ist es, wirklich an die Strategie anzudocken, wenn man sich überlegt, welche Themen sind für mein Unternehmen jetzt in den Feldern Ökologie, Ökonomie und Soziales wichtig. Lieber weniger als mehr auszuwählen und das systematisch und gut aufzubereiten. Und sich dann einfach vorzunehmen, dass man über die Zeit die Themen erweitert und bei manchen Themen auch Mut zur Lücke zeigt. Es ist immer gut, wenn man seinen Interessensgruppen oder auch Aufsichtsbehörden gut begründen kann, warum man gewisse Themen für wesentlich gewählt hat und warum man sich genau um die Themen kümmert und nicht um andere. Und ich sage immer: Weniger ist mehr. An der Strategie andocken und es allen gut erklären können, also den Aufsichtsbehörden, den eigenen Mitarbeitern, den Kunden. Dann fährt man langfristig auf alle Fälle besser, als wenn man viel Reporting macht, viele Dokumente produziert, aber die Menschen dabei verliert, weil sie nur noch Prozesse abhaken und nicht mit Sinn und Überzeugung dabei sind.

„Bei manchen Themen sollte man auch mal Mut zur Lücke zeigen."

Erna-Maria Trixl

Vielen Dank, dass du dir Zeit genommen hast, Erna-Maria, mit uns diese spannenden Einblicke und Empfehlungen zu teilen.

Tipp:
QR-Code scannen und Podcastfolge erneut anhören
oder über diesen Link: https://apple.co/3AWGkpd

Durchsetzungsstärke im Alltag und Berufsleben – mit Prof. Dr. Jens Weidner

Diese Podcastfolge erschien am 05. Oktober 2020.

VORSTELLUNG VON PROF. DR. JENS WEIDNER

Prof. Dr. Jens Weidner lehrt seit 1995 Kriminologie und Sozialisationstheorie an der Fakultät für Wirtschaft und Soziales der Hochschule für Angewandte Wissenschaft in Hamburg. Er hat mit Gangschlägern in Philadelphia (USA) gearbeitet und zehn Jahre lang Kriminelle für die deutsche Justiz behandelt. Daraus entwickelte er das Anti-Aggressivitäts-Training, mit dem heute noch über 2.000 aggressive Menschen in vier Ländern behandelt werden. Er ist Miteigentümer des Deutschen Instituts für Konfrontative Pädagogik und somit ein absoluter Experte und Profi, wenn es um Durchsetzungsstärke und um positive Aggression im Business geht.

ESSENTIALS:

» Aggression ist etwas Positives, um Ideen zu verwirklichen – es hat nichts mit Ellenbogenkarrierismus zu tun.

» Wenn top qualifizierte Menschen zu lieb sind, kommen sie einfach nicht weiter.

» Peperoni-Strategie für Durchsetzung in wichtigen Situationen

» Diamanten-Analyse für die Beurteilung von Rollen in Teams und Entscheidungsgremien

Ich habe Sie kennengelernt bei einem Seminar mit den Namen „Aggression". Im Seminar ging es vor allen Dingen um die positive Seite von Aggressionen, nämlich um Durchsetzungsstärke. Wenn wir an Durchsetzungsstärke denken, im Persönlichen oder im Unternehmen, wozu braucht es diese denn eigentlich, wozu ist sie uns nützlich?

In all den Führungspositionen, die ich im Laufe meines Lebens innehatte, brauchte ich zu 80 Prozent überhaupt keine Durchsetzungsstärke. Wir haben Projekte abgestimmt, die Leute sagten: „Das ist eine super Idee, das ziehen wir jetzt durch", und das haben wir dann in Harmonie gemacht. Aber es gibt einen bestimmten Bereich, und der entscheidet eigentlich am Jahresende, ob man wirklich Profit macht oder nicht. Da gibt es Widerstände, da sagen Leute: „Das ist keine gute Idee", was ich gar nicht verstehe, Herr Dr. Weimann, denn wenn ich etwas vorschlage, ist das schon ordentlich durchdacht. Da muss man gar nicht widersprechen. Aber da gibt es Widerstände und dann sagen die Leute: „Nein, wir ziehen nicht mit." Dann kommt positive Aggression, oder netter formuliert Durchsetzungsstärke ins Spiel, denn die brauche ich, um gegen Widerstände Dinge zu realisieren. Durchsetzungsstärke beginnt, wenn die anderen „Nein" sagen oder wenn sie meine Ideen boykottieren oder wirklich dagegen anarbeiten. Dann kann ich entscheiden, Herr Dr. Weimann: „Ach, so wichtig ist mir das Ding jetzt hier auch nicht. Ich lasse das liegen, denn wenn ich es vorantreibe, wird es anstrengend." Oder ich sage mir: „Das ist für mein Institut, für meine Fakultät oder meine Managementfirma so wichtig, auf den Krawall lasse ich es jetzt ankommen." Dann aktiviere ich die positive Aggression, also die Power, diesen Biss, der mir zielführend sagt: „So, bis Dezember haben wir diese Kuh vom Eis. Das Ding spielen wir jetzt ausgiebig und ich will das unbedingt gegen Widerstände realisieren." Ich habe viele Leute getroffen, die hoch qualifiziert sind, aber etwas zu nett für diese Welt; die lieber auf eine gute Projektidee verzichten, wenn sie dafür eine Teamharmonie oder überhaupt ein nettes Arbeitsleben haben. Ich hingegen denke: „Nein, das Arbeitsleben ist schön, aber wir müssen es nicht übertreiben."

> „Ich habe viele Leute getroffen, die hoch qualifiziert sind, aber etwas zu nett für diese Welt; die lieber auf eine gute Projektidee verzichten, wenn sie dafür eine Teamharmonie haben."

Prof. Dr. Jens Weidner

Das war für mich im Seminar eine erste ‚lesson learned'. Aggression war für mich eher negativ bewertet. Diese Power, diese Durchsetzungsstärke, als andere Seite der Medaille der Aggression – damit konnte ich sofort in Resonanz gehen. Tolle Ideen, die auf die Welt gebracht werden möchten, brauchen eben manchmal diese Power.

Ich bin auch über diesen Begriff „positive Aggression" nicht sehr glücklich, weil man eigentlich sofort erklären muss, warum man das macht, ob das nicht ethisch zweifelhaft ist, ob es um Ellenbogen-Karrierismus geht. Es geht gerade nicht um Ellenbogen-Karrierismus. Es geht bei diesem Vorgehen, bei diesen Strategien, nicht darum, sich auf Kosten anderer zu bereichern, sich gesundzustoßen oder etwas Egoistisches zu tun. Ellenbogen-Karrierismus ist: Ich stoße mich auf Ihre Kosten gesund, oder auf Kosten der Firma und so weiter, ohne Rücksicht auf Verluste. Davon bin ich ein totaler Gegner. Ich bin aber ein Befürworter, wenn ich eine gute Idee habe. Die kann sinnvoll sein, weil ich in die Zukunft gedacht habe, weil ich das mit Fachkollegen und -kolleginnen abgestimmt habe, weil die sagen, das ist ein Kracher. Und dann sagen Leute: „Nein, so eine Innovation wollen wir nicht. Nein, Jens, wir machen das schon immer hier so", und dann bekomme ich diese Knüppel zwischen die Beine geworfen. In dem Moment kann ich frustriert aufgeben und sagen: „Nein, passt im Moment nicht", oder ich sage: „So, jetzt werfen wir den Turbo richtig an!" Und wie gesagt, wir sind aus der Abteilung „Turbo anwerfen". Das weckt total meinen Ehrgeiz.

Dieses „Turbo anwerfen" haben Sie in einem wunderbaren Buch zusammengefasst und formalisiert. Sie nennen es die Peperoni-Strategie – ein Buch, das 33 Wochen auf Platz 1 im Wirtschaftsbuch-Ranking der Financial Times war und absolut lesenswert ist. Wollen Sie uns einmal erklären, was denn die Peperoni-Strategie ist?

Dass das Buch so lange in der Financial Times auf Platz 1 gelandet ist – da weiß ich auch nicht, wie es da hingekommen ist. Aber natürlich wirkt man danach ziemlich intelligent, nicht wahr, wenn einem das einmal gelungen ist. Diese Peperoni-Strategie, ich fand den Titel schon komplett daneben, aber der Verlag hat darauf bestanden. Ich wollte ja kein Kochbuch schreiben, aber der Verlag hat gesagt, dass das ein Sinnbild ist für den richtigen Schärfegrad. Und da ist etwas dran. Wenn man zu schlapp ist, zu harmlos ist, also überhaupt nicht scharf, wird man schon recht flott überwältigt oder übervorteilt. Wenn man zu scharf ist, verbrennt man sich den Mund und macht Teams kaputt, die eigentlich in Harmonie mit einem arbeiten. Es geht also um das richtige Mittelmaß an beruflicher Schärfe, mit der man die Leute nicht verschreckt, sondern eher vorantreibt, die aber auch so klar ist, dass Gegenspieler wissen: Wer gegen mich arbeitet, kann das versuchen, aber da zahlt er einen Preis für. Nicht Aldi, sondern eher Luxus-Boutique. Und diese Mischung, die ist etwas, was ich liebe, und die drückt sich eben in dieser Idee aus. Das Menschenbild dieser Peperoni-Strategie ist: Sei zu 80 Prozent ein feiner Mensch, also respektvoll, seriös, ökologisch, gewerkschaftsfreundlich, professionell und so weiter, aber ergänze das mit 20 Prozent Mephisto, also sei durchsetzungsstark, clever, in München würden sie „hinterfotzig" sagen. Es ist gut, wenn die anderen wissen, dass Sie anders können, wenn Sie wollen. Sie wollen fair, ich will auch mit hanseatischem Handschlag alles entspannt erledigen. Aber wer da so gar nicht mitzieht, der erfährt Widerstand. Das ist die Grundidee, und es gibt ein paar Grundregeln dieser Strategie. Sind Sie an denen interessiert, Herr Dr. Weimann?

Ja, unbedingt!

Es gibt so ein paar Eckpfeiler, da kann man sagen, wenn man sich daran als ambitionierter Mensch im Berufsleben orientiert, dann ist man auf der richtigen Party. Wenn man das im privaten Bereich anwendet, macht man seine Partnerschaft kaputt. Es gibt diesen schönen Satz „Don't try this at home". Alles, was ich Ihnen hier empfehle, ist wirklich karrierefördernd. Im Privaten angewandt führt es zu einer Scheidung. Es ist überhaupt nicht sinnvoll, und das müssen wir unterscheiden, dass wir unterschiedliche Rollen haben. Zu sagen „Ich will überall gleich authentisch sein", das ist keine gute Idee.

Kommen wir zu den Regeln, mit denen man sich sozusagen schützt und auch Durchsetzungsstärke realisieren kann. Die erste lautet: Reagieren Sie sofort auf negative Gerüchte. Wenn die anderen merken, dass Sie durchsetzungsstark sind und wirklich Power haben, und dass man möglicherweise gegen Sie argumentativ nicht ankommt, werden gerne Gerüchte gestreut. Viele Menschen, mit denen ich zu tun habe und die das erleben, sagen: „Das ist so ein Quatsch, darauf gehe ich gar nicht ein." Das ist komplett falsch. Wenn man einmal ein negatives Gerücht über sich gehört hat, dann muss man sofort reagieren, denn dann haben alle anderen es schon zehnmal gehört, und das Negativbild verfestigt sich. Dann gibt es diesen Hinweis: Stolpern Sie nicht über Kleinigkeiten. Durchsetzungsstarke Menschen stören ein wenig die Gemütlichkeit. Wenn Sie durch diese Power mehr Karriere machen, dann stolpern Sie nicht darüber, dass Sie einen sechsstelligen Betrag versenken. Das kann passieren. Das ist unerfreulich, das gibt Ärger, wir nennen das dann Feedback. Aber stolpern tut man heute darüber, dass man einen Stick mitgenommen hat, einen Firmen-Stick im Wert von 3,80 Euro, und im Leitungs-Meeting der Kommentar kommt: „Wenn du mit 3,80 Euro so umgehst, wie gehst du mit den 380.000 Euro um, die wir nachher verhandeln? Wir haben kein ,Trust Level' mehr zu dir." Stolpern tut man heute über Kleinigkeiten.

„Reagieren Sie sofort auf negative Gerüchte."

Prof. Dr. Jens Weidner

Ich würde jeden auffordern: Denken Sie einmal darüber nach, was Sie an Selbstverständlichkeiten machen, die ein eierzählender Jurist gegen Sie auslegen könnte. Um die Latte noch etwas höher zu hängen: Ich war vor nicht allzu langer Zeit von einem unserer Bundesminister eingeladen worden, um genau das abzuklären, also was man tun muss, um eine Person abzuschießen. Die hatte etwas vor, was in der eigenen Partei umstritten war, und die Gegner sind sowieso dagegen. Da haben wir zwei Punkte gefunden, lächerlich kleine Punkte. Aber die Schlagzeile, da muss ich Ihnen sagen, hierin liegt wirklich Schönheit, weil man dann sagt: „Wie kann so ein großer Mensch so eine Kleinigkeit machen?" Das wirkt noch zerstörerischer.

Ich erinnere mich dabei an ein Gespräch mit einem Freund, der Fachanwalt für Arbeitsrecht ist. Er sagt immer: „Wenn Firmen Menschen loswerden wollen, dann reicht es meistens, einmal auf das Zeitkonto und auf die Spesenabrechnungen der Reisen zu schauen. 95 Prozent der Fälle sind dann schon erledigt."

Ja. Wissen Sie, das ist die Gratifikation der Macht. Leute arbeiten viel und sagen sich: „Und jetzt rechne ich noch 80 Kilometer mehr bei meinem Spesenkonto ab, oder ein Essen rechne ich da ab, was aber privaten Charakter hatte" und so weiter. Das ist so unglaublich dumm. Aber das ist so unglaublich menschlich, dass das so viele Menschen machen. Das Verrückte ist: Das bleibt in der Schublade, und in dem Moment, wo Sie jetzt plötzlich den Schritt Ihres Lebens machen können, weil Ihre Firma das will, dann taucht das plötzlich auf wie der Phönix aus der Asche, und dann sind Sie klinisch tot. Das nennen wir eine hinterhältige Machtstrategie.

Die Leute, mit denen ich zu tun habe, wenn die den nächsten Karriereschritt gehen, da geht es um richtig viel. Es geht um viel Geld, also Einkommen, es geht um viel Budget, um viel Personal und es geht um wahnsinnig viel Einfluss, in welche Richtung ich die Firma in Zukunft lenke. Das ist großartig für Menschen, die gestalten wollen. Insofern ist es so, das habe ich schon häufig erlebt, dass nicht alle sagen: „Toll, Professor Weidner, dass Sie diese Stelle bekommen haben", sondern die sagen: „Nein, die will ich selbst haben." Dann kommen solche Sachen zufällig zutage. Ich habe das sogar einmal selbst erlebt, jemand hat meine Doktorarbeit überprüft, das ist aber schon 20 Jahre her, um den Nachweis zu erbringen, dass ich betrogen habe, was ich aber nicht getan habe. Ich wurde freigesprochen. Aber in der Zeit lag mein damaliger Karrieresprung in der Justiz auf Eis. Und diese kleine Ratte hat das wirklich versucht. Ich meine, da darf man schon sauer sein, wenn jemand so etwas inszeniert. Das mit den Doktorarbeiten ist heute beliebt. Man kann fast sagen: Besser, du bist nicht mehr promoviert. Wobei, Herr Dr. Weimann, bei Ihnen kommt das ja auch zu spät.

Genau. Seit einiger Zeit habe ich eine neue Flanke, aber ich habe nicht geschummelt. Also von daher.

Bei Doktorarbeiten ist es so: Wenn Sie abschreiben, bis der Arzt kommt, ist das völlig in Ordnung, solange Sie das als Quelle und Zitat angeben.

Genau.

Da hat niemand etwas dagegen, insofern ist dieses Betrügen wirklich albern. Okay, dann gibt es die Regel: Unterlasse chancenlose Kraftproben. Das ist wichtig für durchsetzungsstarke Menschen. Durchsetzungsstärke bedeutet nicht, dass ich mich überall durchsetze. Es bedeutet immer am Anfang die Analyse: Habe ich eine Chance? Ich mache nur noch Kraftproben, wenn ich eine 51-prozentige Gewinnchance habe. Wenn ich die nicht habe, stecke ich das in die Schublade und hole es in zwei Jahren wieder heraus. Ich verausgabe mich nicht mit Projekten, die erfolglos sind.

Erfolglos ist zum Beispiel, wenn ich etwas bei uns plane, eine unglaublich tolle Idee, und mein Präsident oder CEO oder wer auch immer, also jemand, der über mir steht, sagt zum Beispiel: „Hammer-Idee, Weidner!" Darauf frage ich: „Und, mit wem kann ich es umsetzen?" Er antwortet: „Gar nicht." Ich sage: „Warum nicht?" Er: „Ich bin nicht dafür." Ich sage: „Aber das funktioniert. Ich bin überzeugt! Warum nicht?" Seine Antwort: „Weil ich es nicht will. Noch Fragen?" Da kam überhaupt kein Argument, er hatte eine andere Agenda. Da habe ich nicht reingepasst. Jetzt kann ich sagen: „Vollidiot, ich arbeite dagegen an." Das ist Suizid. Oder ich sage: „Chef, leider erkenne ich nicht die Weisheit Ihrer Worte, aber ich folge ihnen." Man weiß schon zu Beginn eines Machtspiels, ob man es gewinnt oder nicht, und wenn sich die Hörer und Hörerinnen jetzt unsicher sind: Sie können bei mir anrufen, ich mache eine Online-Beratung. Die ist, weil sie online ist, unglaublich billig, vielleicht zu billig. Herr Dr. Weinmann, da müssen Sie mich noch einmal beraten, aber das kann man relativ schnell abchecken, ob es funktioniert oder nicht.

„Man weiß schon zu Beginn eines Machtspiels, ob man es gewinnt oder nicht."

Prof. Dr. Jens Weidner

Ja, unabhängig vom Preis ist sie sehr wirkungsvoll. Das kann ich aus eigener Erfahrung sagen.

Das Seminar, das Sie besucht haben, das war teuer. Die Beratung ist viel günstiger. Online mache ich noch gar nicht so lange, da bin ich jetzt neu unterwegs und das gefällt mir ziemlich gut, muss ich sagen. Gut, anderes Thema.

Es gibt noch zwei letzte Regeln, die eine lautet: Erkennen Sie Ihre Gegenspieler und halten Sie die auf Distanz. Das ist mein Hauptjob in diesen Beratungen, ich mache Gegenspieler-Analysen. Ich weiß, Herr Dr. Weimann, Sie machen das auch, über die Diamanten-Analyse sprechen wir vermutlich noch, weil Sie die auch draufhaben. Man schaut, auch mit Namen, wer höflich ist, wer mir zum Geburtstag gratuliert, wer zum Grillen kommt, wer aber eigentlich gegen mich arbeitet. Zu diesen Leuten bin ich auch höflich, ich zitiere Rilke und weiß der Teufel was, aber ich halte sie, so gut es geht, auf Distanz. Die letzte Regel ist: Wir müssen alle unsere Einsteckerqualitäten pflegen, denn wenn wir uns durchsetzen, gibt es richtig Gegenwind. Und wenn Sie erfolgreich sind mit Ihrer Durchsetzungsstrategie, dann gibt es noch mehr Gegenwind, dann kommt Neid, dann kommt Missgunst, dann kommt: „Ach, das haben Sie nur geschafft, weil Sie einen Protegé haben." Frauen in Führungspositionen wird gesagt: „Das haben Sie nur geschafft, weil Sie eine Frau sind und Frauen gefördert werden" und so weiter. Das ist alles dummes Gerede, und das hat alles zum Ziel, uns zu schwächen und im Status zu reduzieren. Damit das nicht passiert, brauchen Sie Einsteckerqualitäten.

Das hat, glaube ich, jeder schon einmal erlebt.

Ich habe im vorletzten Jahr im November drei Fehlentscheidungen getroffen, alle in einem Monat, das ist mir in meinem Leben noch nie passiert; aber da musste ich vor der Leitungskonferenz antanzen und dann wurde ich in diesen Punkten kritisiert und so weiter. Dann habe ich betroffen geschaut und gesagt: „Ja, da denke ich drüber nach" und dieses ganze Gerede, was man dann macht, um die Leute nicht noch mehr gegen sich aufzubringen. Innerlich habe ich aber gedacht: „Meine Güte, jetzt steht es 3 zu 33", weil ich 33 Punkte an mir analysiert habe, mithilfe auch von anderen Leuten, die an mir richtig gut sind. Ich würde einmal jede Hörerin und jeden Hörer von Ihnen auffordern: Machen Sie einmal eine Liste, wir nennen das die ‚Above Average'-Liste, also dass man irgendwie cooler ist als der Durchschnitt, machen Sie einmal eine Liste, worin Sie wirklich richtig gut sind. Richtig gut.

Das ist ein toller Impuls.

Wenn das Ihre Hörerinnen und Hörer jetzt machen, dann kommen die bestimmt so auf fünf bis zehn Punkte, wenn sie nachdenken. Also bei mir steht auch drauf „Trägt coole Krawatten", da stehen also auch anspruchslose Sachen drauf, aber es ist ein tolles Exposé für das Ministerium. Aber unter dem Strich gilt: Nimm, was du bekommst an Komplimenten, die andere dir gemacht haben. Zum Beispiel haben Sie zu Beginn unseres Gesprächs gesagt, dass Sie das Seminar ziemlich gut fanden, noch in Erinnerung haben. Das ist jetzt ab heute Nachmittag Punkt 34 auf meiner Liste.

Ja, super. Das freut mich sehr.

Dahinter steht dann: Dr. Weimann.

In Ihrem Seminar und auch in Ihrem Buch sprechen Sie sehr stark davon, dass das eigene Netzwerk eine Form von Schutz bieten kann. Wollen Sie uns darüber etwas erzählen?

Durchsetzungsstärke hängt nicht damit zusammen, dass Sie auftreten wie ein hammer-taffer Typ oder die hammer-taffe Frau, sondern Durchsetzungs-stärke hängt damit zusammen, dass die anderen überzeugt sind, dass Sie es wirklich hinbekommen aufgrund Ihres Netzwerks. Die Zeit des ‚Lonely Wolf' ist vorbei. Das geht heute nicht mehr. Ohne Netzwerk sind Sie wehrlos. Da können Sie genial sein, Sie bekommen nichts durchgesetzt. Das Netzwerk ist, wie soll ich sagen, wie eine Munitionskiste, die man einmal aufmacht und den anderen hereinschauen lässt, der meinen Ideen nicht folgt.

Ich kann das einmal an meinem Beispiel erklären, wenn ich unsere Fakultät nehme. In meinem Netzwerk steht unser Dekan über mir, unser Präsident, unsere Präsidentin steht weit über mir, die rechte Hand des Staatssekre-tärs steht noch weiter über mir. Aber mit diesen dreien harmoniere ich, und wenn ich Projekte durchsetzen will, stimme ich die erst einmal mit den drei-en ab. Dann sagen die: „Mensch Weidner, coole Idee." Erst dann bringe ich meine Projektidee zu den Professoren. Das sind 55 Wissenschaftler bei uns, da können Sie sich vorstellen, die sind alle nicht auf den Kopf gefallen, die sind schlau und haben zum Teil ihre eigenen Ideen, die nicht mit meinen har-monieren, und dann ist es schön, dass man dezent darauf hinweist: „Habe ich übrigens mit Horst abgestimmt." – „Welcher Horst?" Darauf sage ich: „Dem Staatssekretär." – „Ach. Mm-hmm, ja." Spüren Sie schon, wie das Ge-wicht seiner Potenz im Raum hinter mir steht? Ich werde größer und schöner durch den Hinweis auf meine Mitspieler. Lange Zeit war eine meiner Part-nerinnen die Gleichstellungsbeauftragte. Das ist natürlich ein Traum. Also, dass ich so als Mann sagen kann: „Frau Professor X, mit der habe ich mich darüber ausgetauscht. Von der ist 100 Prozent Support in dieser Frage da." Wer stellt sich freiwillig gegen die Gleichstellungsbeauftragte? Das ist eine Funktion, die mittlerweile sehr machtvoll ist und was Stellenbesetzungen betrifft, extrem viel Einfluss hat. Also, ich zeige mein Netzwerk, und mein Netzwerk muss einen hohen Status haben. Jetzt noch ein bitterer Hinweis: Sie müssen Ihr Netzwerk nicht emotional mögen.

Ich habe Leute in meinem Netzwerk, die würde ich nie privat einladen und mit denen möchte ich auch nicht essen gehen, wirklich nicht. Ich finde die zum Teil schrecklich, aber die sind so unglaublich hilfreich. Die haben Ein-stellungen, die ich nicht habe, die wählen die falsche Partei und vielleicht finden die noch bestimmte Politiker gut, die ich schrecklich finde. Die haben ein Leben, wo ich sage: „Das ist übel. Die sind kritikwürdig. Es sind keine schlechten Menschen, die machen nichts Kriminelles, aber ich finde einfach alles, was sie tun, furchtbar." Aber sie sind wichtige Bausteine in meinem Netzwerk. So, und jetzt die Frage, wiederum an die Hörerinnen und Hörer: Machst du das oder machst du es nicht? Ist dir jetzt die Durchsetzung der Idee wichtiger oder ist es wichtiger, nur Menschen im Netzwerk zu haben, mit denen man auch grillen würde? Die, die sich für das Grillen entscheiden, die werden nie eine Top-Karriere machen, wenn ich das mal so arrogant hier rüberschießen darf.

Ja, da finde ich diese Metapher mit der Munitionskiste, die Sie gerade gewählt haben, so bezeichnend. Die Frage ist, ob ich mir jetzt eine Wasserpistole hineinlege, um bei dieser Metapher zu bleiben, oder ob ich mir ein Scharfschützengewehr hineinlege. Keine Ahnung, ich bin nicht so waffenkundig.

Ja, genau, das bin ich auch nicht und ich finde auch diesen Begriff mit dieser Waffenkiste eigentlich nicht schön, aber wir haben nicht so viel Zeit und insofern versuche ich Bilder in die Köpfe zu setzen. Noch einmal ein Beispiel: Ich hatte einmal einen Machtkampf mit einer Frau, mit einer ganz starken Frau, sonst hätte ich mit ihr ja nicht kämpfen müssen, und diesen Machtkampf habe ich gewonnen. Bisher sieht das noch ganz gut für mich aus. Diese Frau kam dann aber hinterher zu mir und hat gesagt: „Also, das haben Sie ziemlich gewonnen." Darauf antwortete ich: „Ja, in meiner Einschätzung eigentlich zu 100 Prozent." Sie sagte: „Ja, das teile ich. Aber ich wollte Ihnen meine Mitstreiter noch einmal zeigen." Dann hat sie mir einen Zettel gegeben, da standen Namen darauf, die ich kenne und die ich sehr wichtig finde. Dann hat sie gesagt: „Die loben Sie alle für Ihren Sieg, aber die fanden nicht so toll, wie Sie das gemacht haben. Und wir alle haben uns darauf geeinigt, dass wir uns mit Ihnen jetzt intensiver beschäftigen."

Wenn eine Frau, das gilt auch für einen Mann, dich dann auf dem Kieker hat, dann kannst du dich warm anziehen. Ich habe sie zwei Wochen später angerufen und habe gesagt: „Mich hat das alles beunruhigt, was Sie mir gezeigt haben." Sie antwortete: „Ja, das war auch Absicht." Und dann habe ich ihr 25 Prozent wieder abgegeben, die ich ihr nicht hätte geben müssen, und habe gesagt: „Sagen Sie mal, wenn wir das jetzt doch ein wenig anders aufteilen, würde das dazu führen, dass Ihr Interesse an mir sich irgendwie verliert?", worauf sie sagte: „Ja, ab 30 Prozent würde es verloren gehen." Ich habe dann gesagt, dass mehr als 25 Prozent wirklich nicht gehen und so weiter. Es ist gut, Konflikte zu erkennen. Es ist gut, seine Möglichkeiten dem Gegenüber aufzuzeigen, und auch mich ruft das zur Ordnung und bringt mich zur Kompromissbereitschaft.

Genau, weil da die Langfristigkeit des Spiels zählt.

Es ergibt keinen Sinn, etwas ganz toll zu gewinnen und sich durch diesen Sieg Feinde aufgebaut zu haben. Es geht nicht um die Vernichtung des Gegenübers, sondern es geht um „Ich habe das jetzt gewonnen, aber ich unterstütze denjenigen auch bei einer anderen Geschichte wieder", damit das alles einigermaßen in Frieden ablaufen kann. Kluge Leute, die Durchsetzungsstärke als nachhaltig betrachten, geben ihren Mit- und Gegenspielern immer wieder, Brotkrumen, nein, das ist jetzt zu wenig. Sie geben ihnen Anerkennung oder Unterstützung, auch materielle Unterstützung, um zu sagen: „Mir ist es ganz wichtig, dass es dir einigermaßen gut geht." Diese Botschaft ist wichtig. Wie gesagt, wir kamen vom Thema Netzwerke darauf; ohne Netzwerk funktioniert dieses Spiel überhaupt nicht. Das Netzwerk entscheidet auch, ob Sie die Stelle bekommen oder Ihr Mitbewerber, weil das Netzwerk Einfluss nimmt oder die Entscheider sagen: „Bei dem Weimann bekommen wir den Weimann, aber dann bekommen wir auch noch den, den, den und die und die. Die gehören ja alle mit zu seiner Gang, zu seiner Clique, zu seinem Netzwerk." Das wird dann immer mitgedacht. Diese Form des machtstrategischen Denkens, auf eine intelligente und durchaus anspruchsvolle Art, die lehre ich und die kann ich auch vermitteln, und das mit einem gewissen schwarzen Humor.

„Diese Form des machtstrategischen Denkens, […] die lehre ich und die kann ich auch vermitteln, und das mit einem gewissen schwarzen Humor."

Prof. Dr. Jens Weidner

Definitiv. Es ist lehrreich und sehr lustig mit Ihnen. Da rutscht der Inhalt einfach besser und nachhaltiger, finde ich persönlich.

Wenn man das nur ernsthaft macht, dann ist man so ein billiger Ableger von ‚House of Cards' oder Ähnlichem. Darum geht es nicht. Es geht um ein menschliches Miteinander. Es gibt so eine ethische Trias, welche die Durchsetzungsstarken von den Ellenbogen-Karrieristen unterscheidet. Sie lautet im Hauptsatz: „Setze dich durch, um Gutes zu tun." Für dich selbst, das ist klar, wenn du dich durchsetzt, wirst du erfolgreicher, bekommst mehr Geld, mehr Projekte und so weiter, alles läuft besser für dich selbst. Für dein Unternehmen auch. Wenn ich persönlich mich durchsetze mit Ideen, dann bekommen wir vielleicht Forschungsgelder. Das kommt unserer Fakultät, also meinem Unternehmen oder meinem Institut, zugute. Es wächst dadurch. Auf der dritten Ebene auch für den Staat. Denn dadurch, dass zum Beispiel mein kriminologisches Institut expandiert, zahlen wir deutlich mehr Steuern, die der Staat bekommt, von denen er beispielsweise die Corona-Förderung ermöglicht. Die Durchsetzungsstarken, die mit einem guten Gefühl unterwegs sein wollen, beachten alle drei Punkte und nicht nur den ersten Ego-Punkt, sondern es muss auch gut sein für mein Unternehmen und es muss gut sein für den Staat und für die Gesellschaft, die muss davon auch einen Profit haben.

Jetzt haben wir über die Peperoni-Strategie und über Netzwerke gesprochen, sowie über Gegenspieler. Ein wundervolles Instrument, was ich bei Ihnen gelernt habe, ist die Diamanten-Analyse. Wollen Sie einmal kurz den Hörerinnen und Hörern erklären, was damit gemeint ist?

Ja, das ist fachlich gesprochen eine mikrosoziologische Kleingruppenanalyse. Die hat Howard Polsky an der Columbia Universität in New York entwickelt. Ich habe ihn da kennengelernt. Er hat das entwickelt, um kriminelle Strukturen von Banden und Gangs transparent zu machen. Ich habe mit dieser Methode Gangschläger in New York und Philadelphia und die Strukturen, die diese im Knast aufbauen wollten, analysiert und transparent gemacht. Wenn man die kennt, kann man dagegen arbeiten. Diese Idee vom Umgang mit Kriminellen habe ich transferiert in die Wirtschaft, denn in der Wirtschaft haben wir zwar keine kriminellen Gangs und in der

Regel keine organisierte Kriminalität, aber wir haben Teams. Teams, die sich irgendwie zusammensetzen, auf unterschiedliche Art und Weise, und die nicht nur inhaltlich arbeiten und orientiert sind. Die Diamanten-Analyse ist eine Macht- und Statusanalyse. Mit ihr können Sie sehen, wie Teams und Führungszirkel ticken und funktionieren. Sie können die sozusagen durchschauen.

„Mit [der Diamanten-Analyse] können Sie sehen, wie Teams und Führungszirkel ticken und funktionieren. Sie können die sozusagen durchschauen."

Prof. Dr. Jens Weidner

Ich mache diese Diamanten-Analyse, diese Kleingruppenanalyse mit allen Teams, mit denen ich arbeite. Ich mache das mit den Professoren an unserer Hochschule, ich mache das mit meinem Institut, ich mache das mit allen, mit denen ich häufiger zu tun habe; und auf der Grundlage dieser Analyse weiß ich vorher, ob das Projekt, das ich vorschlage, durchgewunken wird oder nicht, ob ich damit durchkomme oder nicht.

In dieser Analyse gibt es acht Hauptrollen. Ich weiß nicht, ob wir die jetzt so im Detail durchgehen wollen, vielleicht nicht, aber im Groben darf ich mal sagen, dass es beispielsweise Rollen gibt, die extrem wichtig sind für Entscheidungsprozesse, die nennen wir „Graue Eminenz". Diese Macht im Schatten, das kennen die Hörerinnen und Hörer bestimmt auch, wenn jemand nickt, oder eine Frau, wenn sie die „Graue Äbtissin" ist, wenn die nickt, dann sind plötzlich alle der Meinung: „So machen wir es jetzt." Das ist also die Person mit dem größten Einfluss. Es ist machtstrategisch klar, wenn ich im Vorfeld mit dieser Person gesprochen habe und die für mein Projekt gewonnen habe und die sagt: „Jens, mach das, ich bin bei dir", dann sage ich in so einem Meeting: „Das habe ich übrigens abgesprochen mit Frau Lehmann", das ist jetzt diese „Graue Äbtissin", die nickt in diesem Moment, und jetzt fallen alle anderen wie Dominosteine und sagen: „Jens, gute Idee!"

Dieses Grundprinzip herrscht mehr oder weniger hierarchisch abgeschwächt, ganz extrem, zum Beispiel in Krankenhäusern oder bei der Polizei, Justiz, aber auch in großen Unternehmen wie Volkswagen oder Daimler. Ich habe fünf Jahre bei Daimler gearbeitet im Bereich der Management-Schulung, da ist es ganz stark. Oder es ist ganz abgeschwächt, wenn Sie so ganz flache Hierarchien betrachten. Aber dieses Grundprinzip, dass es bestimmte Rollen gibt, die die Leute einnehmen, das gibt es überall. Da gibt es auch die Rolle des Laufjungens oder die des Sündenbocks. Es gibt die Rolle von Isolierten, die können noch so bedeutende Beiträge machen, kein Mensch interessiert sich dafür. Und es gibt die Rolle, und auf die muss man besonders achten, des „Leutnants". Das sind Leute, Frauen oder Männer, welche die unangenehmen Tätigkeiten machen für die Leitung.

Und jetzt ist das Entscheidende, man analysiert diese Rollen: Wer hat hier welche Rolle? Das können Sie im Peperoni-Buch nachlesen. Zuerst fragt man also, wer welche Rolle hat, und dann schaut man im zweiten Schritt, ob das Plus-, Minus- oder Neutral-Leute sind. Plus sind Leute, die sind auf meiner Seite, oder auf Ihrer, auch wenn Sie Mist gebaut haben. Die sagen: „Mensch Weimann, wer viel macht, macht auch mal Mist. Schwamm drüber." Minus-Leute sind die, die an Ihnen herumkritisieren, durch einen großen Verteiler, im Meeting, ohne Ihnen vorher zu verraten, dass Kritik kommt, obwohl sie wissen, worüber gesprochen wird. Die hätten Sie auch vorwarnen können, also diejenigen, die an Ihnen herumnörgeln, obwohl Sie eine ganz ordentliche Performance abgegeben haben; keine exzellente, das müssen wir auch gar nicht, sondern eine ordentliche Performance haben Sie gemacht, aber diese Leute sagen dann: „Weidner, nein, wirklich schwach." Und deren Mitläufer kritisieren Sie dann auch noch und schon sehen Sie alt aus. Die Neutral-Leute sind diejenigen, die immer unheimlich nett tun und fragen, wie es im Urlaub war, Sie aber im Regen stehen lassen, wenn es hart auf hart kommt. Das finde ich immer das Krasseste. Diese Minus-Leute, die bekommt man ja ganz gut mit, also die kollegialen Arschlöcher. Aber diese neutralen Leute, die sind so nett, und wenn ich dann wirklich Hilfe brauche, weil ich Fehler gemacht habe, weil ich in Not bin, weil ich unter Druck bin, warum auch immer, lassen die dich im Regen stehen. Und ich weiß vorher, wer die sind. Ich bin also heute nicht mehr enttäuscht, aber ich bin auch nicht in dem Irrglauben: „Mit dem verstehe ich mich gut und mit dem, und mit der verstehe ich mich auch toll." Ich weiß: „Nein, das sind Schönwetter-Kollegen und -Kolleginnen" und mit diesem Diamanten erfährt man genau das.

Ich persönlich bin sehr dankbar, dass ich dieses Tool gelernt habe, und nutze es vor allen Dingen dort, wo es um Veränderungen von Strukturen geht, um mir klarzumachen: Welcher Weg führt zum Ziel, zur Veränderung? Wen benötige ich in meiner Projektgruppe? Mit wem darf ich auf jeden Fall erst einmal die Zielskizze diskutieren, weil wenn die dabei sind, dann ist es gewonnen und der Weg klar.

Es gibt so viele hochintelligente Analyse-Werkzeuge und dieses ist relativ primitiv, finde ich, aber deswegen so unglaublich alltagstauglich.

Unter den Hörerinnen und Hörern sind ganz unterschiedliche Menschen dabei, also Vorstände, die vielleicht gerade bei Durchsetzungsstärke an ihr nächstes Verwaltungsrats-Meeting denken, oder Mitarbeiterinnen und Mitarbeiter, die eine gute Idee für ihre Organisation haben und dabei an ihre nächst höhere Führungskraft denken. Was würden Sie den Menschen mitgeben, die jetzt erkennen: „Mensch, ich möchte gerne mehr Durchsetzungsstärke gewinnen." Was wäre für Sie der erste Schritt, wenn man an seiner eigenen Durchsetzungsstärke arbeiten möchte?

Grundsätzlich ist es strategisch immer wichtig, sich im Vorfeld abzustimmen. Kein halbwegs intelligenter Mensch bringt irgendeine gute Idee einfach in ein Meeting ein, sondern man hat das vorher mit den Vertrauten abgestimmt. Ich erlebe das häufig, dass die Leute gute Ideen haben, aber Angst haben, sich durchzusetzen, weil sie denken: „Ach Gott, dann bekomme ich so viel Echo und Widerstand." Da muss man sich auch den Segen geben: „Ich darf mich durchsetzen, ich darf mich heute auch unbeliebt machen." Ich kann dann übermorgen hingehen und sagen: „Ich glaube, da habe ich ein wenig übertrieben" und mich entschuldigen. Aber nicht heute entschuldigen, sondern die sollen jetzt einmal zwei Nächte etwas unruhig schlafen, und dann kann ich mich bei denen ein wenig entschuldigen. Wie gesagt, ich glaube, dass 80 bis 90 Prozent all unserer Projekte entspannt, mit hanseatischem Handschlag und in Abstimmung über die Bühne gehen, aber diese letzten 10 bis 20 Prozent, die wirklich darüber entscheiden, ob ich am Jahresende einen dicken Gewinn habe oder einen kleinen, für die benötige ich diesen Biss und diese Durchsetzungsstärke. Man muss sein Mindset ändern, wenn man das nicht hat. Die meisten Leute, die jetzt zu mir kommen, sind sehr gut qualifiziert, aber einen Tick zu nett für diese Welt, für diese Berufswelt. Die haben immer Angst, dass wenn sie in diese Richtung gehen, dann wären sie Ellenbogen-Karrieristen. Diese Angst ist unbegründet. Die haben die Angst, wenn sie das machen, dann verrohen sie auch privat. Nein, das tun sie nicht! Man muss die Rollen klar trennen.

„Man muss sein Mindset ändern, wenn man [diese Durchsetzungsstärke] nicht hat."

Prof. Dr. Jens Weidner

Wenn Jürgen Klopp nach Hause kommt, nachdem er Liverpool wieder nach vorne gebracht hat, wird er auch nicht zu Hause in der Küche die Mannschaftsaufstellung seiner Frau entgegenschleudern, wie sie sich jetzt zu benehmen hat. Der geht nach Hause und ist da irgendwie ein totales Weichei, also einfach ein ganz lieber Ehemann. Wir müssen in der Lage sein, von einem straighten Typen und einer straighten Frau auf lieb zu wechseln, und das innerhalb der Fahrt von der Firma nach Hause. Das ist gar nicht so einfach, aber dieses Mindset muss man sich geben. Übrigens sagen Frauen gerne: „Aber dann werde ich vielleicht so eine ganz Harte, so ein Mannsweib." Nein, werden sie nicht. Alle, die ich kenne, die behalten alle ihre Weiblichkeit, ihre Persönlichkeit. Sie sollen sich nicht verdrehen, aber an bestimmten Stellschrauben geben sie richtig Gas. Und die Frauen kommen relativ schnell auf den Geschmack. Das habe ich häufig genug erlebt.

Ganz, ganz herzlichen Dank, Herr Professor Weidner, dass Sie Ihre Erfahrungen mit den Hörerinnen und Hörern geteilt haben und für mehr Durchsetzungsstärke in dieser Welt sorgen.

Buchempfehlung „Die Peperoni-Strategie: So nutzen Sie Ihr Aggressionspotenzial konstruktiv": https://bit.ly/3sDPd2z

 **Tipp:**
QR-Code scannen und Podcastfolge erneut anhören
oder über diesen Link: **https://apple.co/3ERCEpS**

Wandel als Vorstands- vorsitzender gestalten – mit Roger Pawellek

Diese Podcastfolge erschien am 07. November 2022.

VORSTELLUNG VON ROGER PAWELLEK

Roger Pawellek ist seit 2017 Vorstandsvorsitzender der Kreissparkasse Traunstein-Trostberg. Zuvor war er Vorstandsmitglied der Volksbank Lübeck sowie in führenden Positionen bei der Kreissparkasse München Starnberg Ebersberg und bei der Münchner Bank. In den letzten sechs Jahren hat Roger Pawellek das Haus Kreissparkasse Traunstein-Trostberg einem umfangreichen Wandel unterzogen und das Institut wegweisend ausgerichtet.

ESSENTIALS:

» Veränderung braucht zu Beginn „quick wins". Schnelle Erfolge motivieren die Belegschaft, sich zu öffnen für weitere Transformation.

» In Mitarbeiterinnen und Mitarbeitern schlummert häufig viel Potenzial. Es braucht die richtigen Rahmenbedingungen, sodass diese sich trauen, eigene Ideen umzusetzen.

» Die Führungsspitze muss Veränderung initiieren und vorleben, damit der Glaube daran in der Organisation Wurzeln schlagen kann.

» Digitalisierung, Agilität und ambitionierte Ziele mit Orientierung am Potenzial sind starke Werkzeuge in der Ausrichtung auf die Zukunft.

» Für Wandel, aber auch langfristigen Erfolg, sind Personalentwicklung und die Transformation zu einem modernen und attraktiven Arbeitgeber zentrale Stellschrauben.

Herr Pawellek, Sie sind nun seit etwa sechs Jahren Vorstandsvorsitzender der Sparkasse Traunstein. Holen Sie uns doch einmal hinein in die Zeit, wo Sie gestartet sind und die Frage: Wie haben Sie es eigentlich gemacht, wie haben Sie so eine Veränderung initiiert im Haus?

Das ist eine sehr weitgreifende Frage. Was habe ich vorgefunden? Ich kam aus Norddeutschland, hatte allerdings schon eine zeitlich davorliegende langjährige „bayerische Historie". Nach etwas mehr als fünf Jahren als Vorstand einer Genossenschaftsbank in Norddeutschland in Schleswig-Holstein kam ich wieder in das schöne Bayern zurück. Dort habe ich eine Sparkasse vorgefunden, die sich in den letzten Jahren vorsichtig angepasst hat, allerdings eher in homöopathischen Dosen. Man war meiner Wahrnehmung nach stark getrieben von der Frage, was eine Veränderung (kurzfristig) kostet und weniger davon, was sie mittel- bis langfristig an Ertrag bringen kann. Insofern wurde alles, was nicht zwingend erforderlich war, in die Zukunft verschoben und nicht umgesetzt. Das heißt, es war kulturell nicht verankert, sich zu verändern oder sogar schnell zu verändern. Es wurde an dem festgehalten, was man hatte und was auch funktioniert hat – jedenfalls in den letzten 20, 30 Jahren. Das war auch okay für die damalige Zeit, aber die Welt dreht sich, und die Welt dreht sich nicht nur außerhalb Bayerns oder des Chiemgaus, sondern auch dort.

Zusammengefasst habe ich ein durchaus ausgeprägtes Verharrungsvermögen vorgefunden – treu nach der Devise: „Das haben wir schon immer so gemacht. Warum sollten wir jetzt etwas ändern? Das ist doch alles schön gewesen in der Vergangenheit und beschaulich." Nicht überall bei den Mitarbeiterinnen und Mitarbeitern, aber auch im Management, bei den Führungskräften, war die Erkenntnis da, dass die Welt sich schon seit Jahren gedreht hat. Man hat es stückweise ignoriert und hat sehr stark das Kostenthema nach vorne geschoben anstatt zu sagen: „Was bringt mir das vielleicht auch in der Zukunft?" Man hat stattdessen eher den kurzfristigen Erfolg gesehen. Das gleiche galt auch in Bezug auf das Kundengeschäft. Man war eher restriktiv unterwegs, sehr formal geprägt. Damit waren natürlich die Bearbeitungszeiten entsprechend lang. Mir wurde damals von Externen gesagt, dass bei vielen Kunden Aussprüche kamen wie: „Dann suche ich mir eine andere Bank, weil augenscheinlich kein ausgeprägtes Interesse besteht, ein Geschäft zu machen, insbesondere dann, wenn es vielleicht einmal ein bisschen komplexer bzw. individueller ist."

Auch das Thema Digitalisierung war eher rudimentär ausgeprägt. Es wurde noch sehr viel Papier hin und her transportiert und zur Unterschrift vorgelegt. Das waren damals meine ersten Eindrücke. Natürlich muss man erst einmal versuchen, die Kultur zu verstehen, zu schauen, wie die Leute ticken. Aber es haben sich relativ schnell, für mich zumindest, Ansatzpunkte ergeben, die ich aus meinen vorherigen Tätigkeiten, sowohl aus Schleswig-Holstein, aber auch aus meinen Tätigkeiten in Bayern, kannte. Ich war vor meiner Zeit als Vorstand in Lübeck stellvertretendes Vorstandsmitglied in Ebersberg und da waren wir vergleichsweise innovativ und schnell. Daher war ich es gewohnt, Prozesse und Strukturen zu verändern, zu optimieren und – soweit möglich – zu digitalisieren. Zunächst musste ich identifizieren, wo wir relativ schnell Erfolge generieren können, die sichtbar sind für die Kolleginnen und Kollegen, um diese dann sukzessive mitzunehmen auf diesem Weg. Es war aber auch notwendig, deutlich zu machen, dass, wenn man ihn, diesen bisherigen Weg, so weiter beschreiten würde, dieser dann auch endlich wäre. Beides unter einen Hut zu bekommen, das war die erste Aufgabe.

Sie haben gerade gesagt, Sie haben sich erst einmal angeschaut, was relevant ist und was die notwendigen Maßnahmen sind. Können Sie sich noch erinnern, wie eigentlich für Sie der Startaspekt war? Sozusagen: Wie starten wir jetzt eigentlich auf in Richtung Zukunft?

Natürlich ist es nicht so, dass man von jedem mit offenen Armen aufgenommen wird, zumindest nicht von denen, die dieses System in der Vergangenheit mitgeprägt haben. Also den Mitarbeiterinnen und Mitarbeitern und den Führungskräften, die gedanklich nicht in der Neuzeit waren, sondern verständlicherweise geprägt wurden durch die Kultur, die etabliert war. Ich habe allerdings auch früh wahrgenommen, dass es Mitarbeiter gibt, die einfach sehnsüchtig schauen und sagen: „Jetzt geht einmal etwas. Vielleicht ändert sich jetzt etwas." Ein besonderes Ereignis war einen Monat nach meinem Start. Wir hatten die erste Personalversammlung und ich habe da meine Vorstellungen skizziert auf der Bühne. Ich hatte keine Krawatte an.

Für mich gar nicht weltbewegend. Was ich so nicht erwartet hätte, waren die Reaktionen, die ich damit hervorgerufen habe. Das hat große Wellen ausgelöst bis zu diversen ‚Posts‘ in den Social-Media-Kanälen: „Da steht der neue VV ohne Krawatte." Nach dem Motto: „Was ist jetzt los?" Natürlich verändert man dadurch keine Kultur, aber letztlich war das schon einmal ein erstes Signal: „Mensch Leute, da verändert sich etwas."

In den Gesprächen danach hat sich schnell der Eindruck gefestigt, dass es viele gibt, die dieses Signal aufgenommen haben und gesagt haben: „Endlich bricht sich einmal ein bisschen die Schicht über mir auf." Es gab ja durchaus viele, die gute Ideen hatten, die motiviert und willens waren, Veränderungen anzupacken. Das waren häufig jüngere Kolleginnen und Kollegen, die aber einfach nicht gesehen haben, wie sie diese modernen Vorstellungen dann auch umsetzen können.

„Es gab viele, die gute Ideen hatten, die motiviert und willens waren. Das waren häufig jüngere Kolleginnen und Kollegen, die aber einfach nicht gesehen haben, wie sie diese modernen Vorstellungen dann auch umsetzen können."

Roger Pawellek

Der in Teilen vorhandene Veränderungswille ist aber immer wieder an Grenzen gestoßen. Sei es, dass er von der direkten Führungskraft oder dem Vorstand nicht weiterverfolgt wurde oder er ist – Thema Kosten – an fehlenden Budgets gescheitert. Im Ergebnis konnte ich aber feststellen, es gibt ein großes Potenzial derer, die da mitwollen. Das hat mich mutig gestimmt und die habe ich dann stärker in den Vordergrund gerückt. Das heißt, wir haben das erste umfangreichere Projekt aufgesetzt und da war es nicht so, wie es vielleicht in der Vergangenheit immer war: „Jetzt trommeln wir einmal die obersten Führungskräfte zusammen und die unterhalten sich dann, vielleicht noch mit den Orga-Kollegen dabei und dann kungeln die das untereinander aus." Das war in der Vergangenheit tendenziell so gelebt worden. Ich habe gesagt: „Nein, ich möchte alle mit dabei haben. Ich möchte jung und alt, ich möchte Azubi und gestandene Führungskraft. Einfach einen repräsentativen Querschnitt durch die Belegschaft, damit sich jeder aus seiner Perspektive entsprechend einbringen kann, sodass ein rundes Bild entsteht – und natürlich auch das Commitment ein höheres, ein besseres und ein größeres wird, wenn alle etwas beigetragen haben."

Man hat gemerkt, dass das sehr gut angekommen ist. Das Ganze haben wir dann noch mit einer kleinen Feier flankiert, als das Projekt zu Ende war. Wir haben auf der Dachterrasse beim Vorstand eine kleine Grillparty veranstaltet – ohne großen Aufwand. Da habe ich dann bemerkt, dass die Terrasse vorher ein abgeschotteter Bereich war. Für die Mitarbeiterinnen und Mitarbeiter war der Vorstandsbereich quasi Sperrgebiet. Die Nähe zum Vorstand war neu. Man darf nun mitreden. Man ist mit dabei. Man darf auch einmal in den Vorstandsbereich hineinschnuppern. Das hat für viele dann gezeigt: „Da kann ich mich einbringen, da kann ich mitwirken." Klar gab es auch die, die dagegengewirkt haben, auch Führungskräfte. Das muss man ehrlich so sagen. Ich habe dennoch jedem eine Chance gegeben und mache das auch zukünftig. Wenn sich jedoch jemand trotz aller Unterstützung und intensiven Überzeugungsversuchen verweigert und sagt: „Ich will nicht. Ich will diesen Weg nicht mitgehen", dann ist irgendwann einmal ein Punkt erreicht, wo beide Seiten erkennen müssen, es geht so nicht – nicht miteinander – weiter. Insofern gab es durchaus einige personelle Veränderungen, im Zuge derer sich dann auch gezeigt hat, dass plötzlich vieles möglich war, von dem es immer hieß: „Nein, das geht nicht." Dadurch hat das Ganze eine zusätzliche Dynamik gewonnen.

Spannend, was Sie sagen, über die Macht des Symbols „Krawatte". Vor sechs Jahren war es eben noch nicht selbstverständlich, so wie es heute ist. Gleichzeitig auch diese Feier auf der Dachterrasse, wo man dann eben nicht nur signalisiert, wir feiern gemeinsam, sondern auch, dass ein neuer Wind weht und sich dieser vormals „gesperrte" Bereich öffnet. Das stelle ich mir super vor.

Absolut. Viele Führungskräfte waren noch nie dort. Ich habe gesehen, bei den ersten Gesprächen mit meinen Bereichsleitern, dass sie sich immer so ein bisschen im Büro umgeschaut haben. Ich dachte: „Kennen sie das gar nicht?" Nein, das war wirklich wenigen vorbehalten, dort hoch zu dürfen. Das konnte ich gar nicht einordnen, weil ich es so nicht kannte. Aber das war augenscheinlich Stil des Hauses. Jeder Stil hat sicherlich auch seine Zeit und holt jemanden unterschiedlich ab, aber man hat schon gemerkt, dass dort ein Bedürfnis bei vielen bestand, dass sich der Vorstand öffnet. Was mich aber auch verwundert hat bei dem Thema Krawatte: Als ich sie dann auch im Büroalltag abgenommen habe, waren viele Führungskräfte, von denen ich erwarte, dass eine gewisse Eigenständigkeit im Tun da ist, plötzlich hilflos. Nach dem Motto: „Der VV hat keine Krawatte getragen gestern, was mache ich denn jetzt? Trage ich sie jetzt weiter? Darf ich sie auch ablegen oder gilt das jetzt nur für den Vorstand? Oder muss ich erst einmal eine Erlaubnis haben?"

Als wir einen ‚Styleguide' formuliert und auch bebildert haben, hat man gemerkt, das war wirklich ein luftleerer Raum: „Mir fehlt die Arbeitsanweisung. Ich weiß jetzt nicht, wie ich arbeiten soll." Das hat mir die Augen geöffnet, welche Kultur da geherrscht hat. Das ist ein Stück weit ein Highlander-Prinzip. Es gibt einen Vorstand, der entscheidet, und selbst die erste Führungsebene nach dem Vorstand ist eher ausführendes Organ. Meine Vorstellung war immer, dass da Eigeninitiative ist. Ich habe mir vorgestellt, dass sie bei mir an der Tür stehen und sagen: „Das und das geht jetzt technisch schon. Wollen wir das nicht auch machen?", also zum Beispiel bei prozessualen Veränderungen. Aber es war eher andersherum. Ich musste eher anschieben und sagen: „Wieso machen wir das nicht so?" Die Antwort war häufig: „Nein, geht nicht – und wenn es doch geht, dann aber mit viel Arbeit und es kostet Geld." Es war also immer ein Denken in Problemen, nicht in Lösungen. Zwei Stunden erst einmal darüber reden, warum es nicht geht, dann habe ich keine Zeit mehr, um darüber nachzudenken, wie es gehen könnte. Das war die Mentalität und das hat sich jetzt gedreht. So ein kultureller Veränderungsprozess vollzieht sich natürlich nicht innerhalb von ein, zwei oder drei Jahren und wir sind auch noch lange nicht am Ende. Selbst nach fünf oder jetzt fast sechs Jahren haben wir noch viel vor uns.

„Prozessual haben wir uns stark digitalisiert, was vorher von vielen kritisiert wurde. Spätestens seit Corona wurde ich dann gelobt."

Roger Pawellek

Aber es zeigt doch, dass in diesen Jahren sehr viel passiert ist. Prozessual haben wir uns stark digitalisiert, was vorher von vielen kritisiert wurde. Spätestens seit Corona wurde ich dann gelobt, dass es eine elektronische Kreditakte und elektronische Prozesse gibt, wo es vorher hieß: „Das geht gar nicht. Ich kann ohne Akte nicht arbeiten, das ist viel umständlicher." Natürlich ist es erst einmal eine Umgewöhnung, keine Frage. Am Anfang ist es vielleicht eine Belastung und es kostet natürlich auch erst einmal Geld. Langfristig gesehen – und darum geht es letztlich – ist es sinnvoll und auch effizienter. Das hat man in dem Kontext sehr gut gesehen. Während der coronabedingten Einschränkungen haben dann viele endlich eingesehen: „Das ist doch eine tolle Geschichte. Ich kann jetzt von zu Hause arbeiten. Ich kann mich noch aus einem Ferienort einloggen, wenn der Kollege krank wird und ich schnell aushelfen muss. Das geht alles. Und zwar nicht nur abgespeckt, sondern im Prinzip eins zu eins so, als würde ich im Büro sitzen."

Das hat sicherlich vielen auch noch einmal die Augen geöffnet, dass diese Entwicklungen gut sind, auch wenn sie vielleicht erst einmal Geld kosten und natürlich das Betriebsergebnis erst einmal belasten. Aber auch da sehen wir jetzt nach und nach, dass wir im Ergebnis langsam nach oben kommen, dass die Investitionen jetzt erste Früchte tragen. Was mich besonders stolz macht: Wir werden von außen angesprochen, von Kunden, nach dem

Motto: „Ihr habt euch ja um 180 Grad gedreht. Ihr seid nicht wiederzuerkennen. Früher wollte man gar nicht zu euch gehen. Man hat euch nicht angefragt, ob ihr auch dabei seid, eine Finanzierung zu begleiten." Jetzt werden wir als Partner wahrgenommen, den man gerne einbezieht und als Ersten fragt und mit dem man gerne ins Geschäft kommt. Diese Wahrnehmung hat sich komplett gedreht. Das macht mich besonders stolz.

„Jetzt werden wir als Partner wahrgenommen, den man gerne einbezieht und als Ersten fragt und mit dem man gerne ins Geschäft kommt. Diese Wahrnehmung hat sich komplett gedreht. Das macht mich besonders stolz."

Roger Pawellek

Ich glaube, es ist spannend, dass Sie immer beide Seiten bearbeitet haben. Auf der einen Seite eine andere Form der Kultur aber auf der anderen Seite eben auch strukturelle Veränderungen. Sie haben ein leistungsfähiges KSC (Kunden-Service-Center) und Sie haben ein DBC (Digitales-Beratungs-Center). Das sind nur zwei Dinge, die es vorher überhaupt nicht gab. Sie verändern die Art, wie Sie Kundengeschäft managen und denken. Wollen Sie uns da vielleicht einmal ein bisschen hereinholen, was Sie getan haben?

Im Prinzip habe ich den gesamten Aufbau verändert. Das heißt, wir haben ein Vertriebsmanagement implementiert, damit ging es schon einmal los. Es gab zwar ein Vertriebsmanagement oder Funktionalitäten, die sich so genannt haben, die aber in unterschiedlichen Organisationseinheiten angesiedelt waren. Es gab keine Gesamtverantwortung für das Vertriebsmanagement oder was sich darum rankt. Das haben wir neu aufgebaut. Das Thema Gesamtbanksteuerung haben wir institutionalisiert. Es gab vorher ein Rechnungswesen, aber nicht wirklich eine Gesamtbanksteuerung, die sich mit den relevanten Themen, auch perspektivisch und als strategischer Sparringspartner für den Vorstand, auseinandergesetzt hätte. Wir haben die

Vertriebseinheiten neu strukturiert. Wir haben das Filialnetz gestrafft und die Anzahl von 30 Filialen auf 17 mitarbeiterbesetzte Standorte reduziert. Im Zuge dessen haben wir anfänglich fünf Beratungscenter aufgebaut, nach dem von uns so benannten „Heimatkonzept". Als Vorlage hat das von der Haspa entwickelte Filialkonzept gedient, das wir auf unsere Region angepasst haben. Wir haben so Begegnungsstätten geschaffen, in denen nicht nur Beratung und Service stattfinden, sondern auch wirklich Wohlfühlambiente herrscht, insbesondere was die Beratungsräume anbetrifft. Gleichzeitig finden hier Begegnungen außerhalb des Bankgeschäfts statt – auf den Flächen, die dann auch für Externe zur Verfügung stehen.

Das ist sehr gelungen, wenn ich das kurz einwerfen darf. Das ist immer wieder schön.

Das freut mich zu hören, aber das Feedback war durchgängig. Ich habe nichts Negatives gehört, im Gegenteil. Das hat sich gelohnt für eine ganz andere Flächenpräsenz. In der Qualität, aber auch in der Wahrnehmung und der Modernität.

Ergänzend dazu haben wir die Vertriebsbereiche neu strukturiert. Es gibt jetzt eine Führungskraft für das Privatkundengeschäft, für das Gewerbekunden- und Immobiliengeschäft und für das Firmenkundengeschäft. Das heißt, wir haben auch da eine stärkere Fokussierung auf die jeweiligen Segmente vorgenommen. Wir haben ein Immobiliencenter eingerichtet und sowohl ein leistungsfähigeres KSC als auch ein DBC installiert, sodass wir jetzt in der Lage sind, jeden Kunden letztlich dort abzuholen, wo er gerade ist. Über das KSC können wir an 365 Tagen im Jahr 24 Stunden lang 95 Prozent der Geschäftsvorfälle telefonisch abwickeln. Ansonsten haben wir das DBC, über das wir Medialberatung vornehmen können. Wir konnten feststellen, dass viele Kunden diese neuen bzw. im Leistungsumfang deutlich erweiterten Zugangswege freudig aufgenommen haben: „Super, endlich. Ich bin nicht immer in Traunstein und ich kann nicht zu den entsprechenden Öffnungszeiten dort sein. Für mich ist es super, wenn ich jetzt von überall in der Welt eine gute Beratung auch virtuell bekommen kann oder mit medialer Unterstützung wie etwa ‚Screensharing', wo immer ich bin an meinem Rechner."

Das hat das gesamte Leistungsangebot abgerundet, obwohl wir jetzt persönlich weniger Flächenpräsenz haben. Trotz der geringeren Anzahl an Geschäftsstellen und Beratungscentern haben wir doch die Qualität deutlich erhöht und letztlich auch die Reichweite durch die telefonische und digitale Erreichbarkeit erhöht. Das heißt, wir sind deutlich fokussierter, deutlich schlagkräftiger geworden und auch in der Führung sehr viel ergebnisorientierter. Wir haben umgestellt auf eine potentialorientierte Steuerung. Anders als früher, wo die Ausgangsfrage lautete: „Was haben wir letztes Jahr gemacht? Jetzt legen wir vielleicht einen Schnaps darauf." Wir haben begonnen, auf Grundlage von Affinitäten und entsprechenden statistischen Daten die Möglichkeiten zu erfassen und daraus Ziele abzuleiten. „Was geht eigentlich hier oder was könnte gehen hier im Landkreis?" Das war dann die Grundlage der Planung. Das Potenzial ist natürlich deutlich höher in vielen Bereichen als das, was in der Vergangenheit ausgenutzt wurde. Das führt dazu, dass wir uns dem dann sukzessive annähern mussten und noch müssen. Das geht nicht von jetzt auf gleich und wir sind auch jetzt noch nicht am Endpunkt angelangt. Aber es ist so, dass wir jetzt die Ziele entsprechend sukzessive nach oben anpassen.

„Wir haben umgestellt auf eine potentialorientierte Steuerung. Wir haben nicht wie früher geschaut: „Was haben wir letztes Jahr gemacht? [...] Sondern haben über Affinitäten und entsprechende statistische Daten geschaut, ‚Was könnte gehen hier im Landkreis?'"

Roger Pawellek

Für die Marktkollegen ist es ein Paradigmenwechsel gewesen oder ist es immer noch, dass wir anders planen und die Ziele sich jedes Jahr in einer Art und Weise erhöhen, wie es die guten Vertriebler gar nicht stört. Einige sagen natürlich: „Das bringt mich jetzt an die Grenze." Hier ist Führung gefragt. Am Ende muss die Erkenntnis stehen: „Es geht."

Das merkt man immer dann, wenn neue externe Mitarbeiter zu uns kommen, die dann sagen: „Das, was ihr auf der Zielkarte habt, ist lächerlich." Für unsere Kolleginnen und Kollegen ist es häufig noch sehr herausfordernd. Vor dem Hintergrund sind wir in einem Erkenntnis- und Entwicklungsprozess, aber der ist sehr erfolgreich. Das merkt man auch an den Vertriebszahlen. Die gingen die letzten Jahre sukzessive hoch. Auch das Thema Verbundgeschäft war immer ein bisschen stiefkindhaft betrachtet worden, aber auch hier haben wir deutlich Gas gegeben die letzten Jahre. Es hat aber auch gedauert, bis in den Köpfen angelangt ist, dass das ein wichtiges Geschäftsfeld ist, das wir nicht vernachlässigen dürfen. Auch das war ein Stück weit ein Kulturwandel im Vertrieb.

Die Führungskräftestruktur haben wir ebenfalls verändert. Wir haben die Zahl der Bereichsleiter von über 20 auf 11 reduziert, was immer noch viel ist für ein Haus unserer Größenordnung. Das hat auch noch einmal ein stärkeres Commitment gebracht, weil jetzt auch die Menschen beisammen sind, die diesen Weg mitgehen wollen. Auch die haben wir an die Hand genommen und sie gecoacht und coachen sie immer noch, um sie in die Lage zu versetzen, ihrer – zum Teil neuen oder geänderten – Führungsaufgabe gerecht zu werden. Denn früher war es, nicht nur in Traunstein übrigens, häufig so, dass der beste Sachbearbeiter die Führungskraft wurde. Der beste Vertriebler wurde entsprechend dieser (falschen) Logik die Vertriebsführungskraft. Da hat man sich eigentlich doppelt geschadet. Man hat einen guten Vertriebler weniger und eine schlechte Führungskraft dazu. Gleiches wurde im Stab und der Marktunterstützung praktiziert. Wir haben diese Denk- und Vorgehensweise geändert. Am Anfang mussten wir erst einmal definieren: „Was verstehen wir unter Führung? Was sind die Erwartungshaltungen?" Führungsgrundsätze und -leitlinien waren nicht – oder nicht allgemeingültig und einheitlich – etabliert. Führung muss erlernt und gefestigt werden. Gute fachliche Fähigkeiten befähigen nicht automatisch dazu, eine gute Führungskraft zu sein. Insofern unterstützen wir seither die Führungskräfte flankierend dabei, ihrer Aufgabe gerecht zu werden. Wenn andernfalls jemand dabei ist, der vielleicht könnte, aber nicht will, dann muss man auch ganz offen darüber reden, dass dann vielleicht der Weg ein anderer sein muss, den man künftig nicht mehr gemeinsam geht.

Ich würde in diesem Zusammenhang gerne auf Ihre Rolle als Vorstandsvorsitzender in diesem großen Veränderungsprozess über organisatorische und kulturelle Veränderung blicken. Was hat sich für Sie die letzten sechs Jahre denn besonders verändert? Wo sagen Sie, das waren für Sie Punkte, wo Sie gemerkt haben: „Jetzt sind wir einen ganz großen Schritt weitergekommen"?

Verändert hat sich viel. Dadurch, dass wir jetzt fast sechs Jahre des Weges gegangen sind und vieles verändert haben, sind immer mehr Mitarbeiter auf den Zug aufgesprungen. Es hat sich langsam die Erkenntnis durchgesetzt, dass es der richtige Weg ist, den wir eingeschlagen haben. Das haben die Mitarbeiterinnen und Mitarbeiter vorher zwar zum Teil auch schon gewusst, aber sie hatten es noch nicht richtig verinnerlicht. Heute kommt immer mehr Eigeninitiative. Immer mehr Mitarbeiter sagen: „Ich denke mit. Ich treibe jetzt schon einmal von mir aus gewisse Dinge nach vorne." Das spiegeln sie dann zurück und sagen: „Da habe ich mir etwas überlegt. Können wir das nicht umsetzen?" Und man sagt: „Super, großartige Idee, bringen wir vorwärts." Je mehr Befürworter dieser neuen strategischen Ausrichtung man hat, desto weniger Grabenkämpfe und gefühlte Pfeile im Rücken hat man.

Am Anfang habe ich schon häufiger erlebt, dass der eine oder andere versucht hat, eine Entscheidung im Nachgang zu konterkarieren: „Das ist jetzt so entschieden, aber ich versuche, es so lange zu verzögern, wie es irgendwie geht. Bis er (der Vorstandsvorsitzende) sich dann wieder umdreht, um sich neuen Aufgaben zuzuwenden. Er hat ja 1.000 andere Themen und vergisst es vielleicht." Dass man die Umsetzung nicht mehr so engmaschig kontrollieren muss, dass man immer mehr Mitstreiter hatte, die sagen: „Ich habe das selbst im Griff und ich treibe es voran.", daran konnte ich erkennen, es läuft – nicht überall gleich gut, gar keine Frage, aber es läuft. Das war ein schleichender Prozess.

Es wurde langsam aber merklich deutlich, dass sich etwas verändert hatte.

Als dann noch die ersten zarten „Ertragskeime" sichtbar wurden, die sich langsam entwickelt haben, da zeigte sich einerseits ökonomisch: „So langsam kann man sehen, es macht sich bezahlt" und andererseits: „Man hat immer mehr Leute, die mitziehen und mit denen es einfach Spaß macht, Dinge zu verändern." Es war und ist schön zu sehen, dass man eben nicht immer ziehen muss und dass nicht erst einmal wieder alles in die Schublade gelegt wird, wenn man sich umdreht. Stattdessen hat sich wirklich ein Geist der Veränderung breit gemacht hat und viele Dinge führen sich von selbst immer weiter. Da war nach vier Jahren oder fast fünf Jahren der Moment gekommen, an dem ich innerlich sagte: „Es hat sich gelohnt." Denn zwischendurch, das muss ich offen gestehen, habe ich schon manchmal gedanklich in den Tisch gebissen und gedacht: „Wieso funktioniert das nicht?" Aber dann machte es langsam Spaß.

"Denn zwischendurch, das muss ich offen gestehen, habe ich manchmal schon gedanklich in den Tisch gebissen und gedacht: ,Wieso funktioniert das nicht?' Aber dann machte es langsam Spaß."

Roger Pawellek

Das ist die Hauptherausforderung, gerade wenn man ein klares Zukunftsbild hat. Da bewusst zu sagen: „Nein, Leute, wir können uns nicht in die Zukunft sparen, sondern wir müssen jetzt investieren, um dann eben die Früchte davon auch zu ernten." Corona konnte niemand von uns voraussehen. Aber dann eben in einer Situation zu sein, dass das Haus schon startklar war, wo sich viele andere dann erst einmal kümmern mussten, weil eben mobiles Arbeiten einfach dazugehörte.

Das ist richtig. Wenn ich die Kreditakten oder sonstige Beschlüsse erst einmal physisch hin und her fahren muss, dann hat das alles wenig Sinn. Da waren wir zum Glück nicht mehr. Das hat es für viele transparent gemacht. Aber ich habe immer von vornherein gesagt: „Ihr müsst beide Seiten sehen, also Aufwand und Ertrag." Vor allen Dingen nicht den Ertrag in Jahresscheiben gedacht, also in GuV-Kategorien, nur auf den Jahresabschluss dieses Jahr fokussiert, sondern wirklich perspektivisch, strategisch. Ich habe immer gesagt: „Ich möchte dort Geld in die Hand nehmen, wo es in der Zukunft aussichtsreich erscheint, wo wir irgendwann einen ‚Return' haben, sei es ökonomisch, aber auch in der Wahrnehmung." Wahrnehmung auch gegenüber potenziellen Mitarbeiterinnen und Mitarbeitern. Man sieht jetzt, dass es immer wichtiger wird, dass man als Arbeitgeber als modern wahrgenommen wird, sonst bekommt man keine leistungsfähigen Mitarbeiter mehr in der Zukunft.

Da wird gespart, wo es nichts bringt, also da, wo es ‚Chichi' ist oder Schmuck am Nachthemd, wo es letztlich nichts bringt. Da muss man in der Tat auch heute noch sparen, aber ich muss in die Zukunft investieren. Das war Technik, das waren Strukturen, das waren aber auch die Mitarbeiterinnen und Mitarbeiter. Schulungen in den täglichen Dingen, also in den technischen Herausforderungen, aber auch Vertriebsschulungen etc., sodass man sie fit macht für die Aufgaben der Zukunft. Das möchte ich noch ergänzen: Wir haben das Thema Personal komplett verändert. Wir haben die Aus- und Fortbildung neu aufgebaut, eine Personalentwicklung neu installiert bzw. mit anderen Inhalten versehen, also weg von der klassischen Personalverwaltung, die es vorher primär war. Natürlich gab es vorher schon eine Personalentwicklung, aber wir haben sie hin zum neuen Schwerpunkt entwickelt – wirklich Personalentwicklung, Recruiting und neue Aus- und Weiterbildungsmodelle.

Wir haben zum Beispiel relativ schnell ein duales Studium eingeführt, was es vorher gar nicht gab. Es ist heute Bestandteil unseres Ausbildungsangebots. Zudem bieten wir ein Studium im Nachgang zur Ausbildung an – auch ohne Abitur. Das heißt, wir bieten ganz andere Möglichkeiten und ziehen damit natürlich auch ganz andere Potenzialträger an. Sie begeistern sich dafür, nicht nur eine Ausbildung zu machen, sondern sagen: „Ich kann das auch als Nicht-Abiturient machen. Ich werde entsprechend gefördert." Wir bieten vielfältige Möglichkeiten, sich im Haus weiterzuentwickeln, nach dem Studium oder auch schon parallel. Wir sind einfach ein cooler Arbeitgeber. Das sage ich immer, weil ich das mittlerweile wirklich so sehe, weil wir auch locker sind im Ton, also im Umgang. Natürlich haben wir ein Ziel vor Augen, das ist klar formuliert und es wird auch immer deutlich gesprochen, aber immer fair und offen.

„Wir sind einfach ein cooler Arbeitgeber.
Das sage ich immer, weil ich das mittlerweile
wirklich so sehe, weil wir auch locker sind
im Ton, also im Umgang."

Roger Pawellek

Der Spaß darf dabei nicht zu kurz kommen, Stichwort „Dachterrassenparty". Es hat einen Rieseneffekt, wenn man sich auch einmal anders begegnet; etwa bei einem Glas Wasser oder beim Bier miteinander zu sprechen, das ist wichtig. Jeder hat die Möglichkeit, mit dem Vorstand zusammenzukommen. Was grundsätzlich gilt: Meine Tür ist offen. Wenn ich da bin und Zeit habe, dann kann jeder kommen oder mich anrufen. Da gibt es leider noch eine gewisse Hemmschwelle. Ich würde mir schon wünschen, dass es von mehr Kolleginnen und Kollegen in Anspruch genommen wird, aber die Möglichkeit besteht. Es ist wichtig, dass man „anfassbar" bzw. nahbar ist und dass der Raum zur Mitgestaltung gegeben wird. Zudem haben wir moderne Arbeitsbedingungen, moderne Filialen und jeder bekommt die technische Ausstattung, die er oder sie braucht. Da wird nicht herumgemacht. Wenn jemand ein iPad braucht, dann kriegt er das, wenn es sinnvoll nutzbar ist – um ein Beispiel zu nennen. Die Mehrzahl der Mitarbeiterinnen und Mitarbeiter hat mittlerweile einen höhenverstellbaren Tisch. Es gibt keine Neuanschaffungen mehr, ohne dass sie höhenverstellbar sind. Das heißt, sukzessive bekommt jeder eine bedarfsgerechte und moderne Ausstattung. Das sind auch Faktoren, die eine Rolle spielen – von übertariflichen Leistungen bei Jubiläen etc. einmal abgesehen. Das ist auch Teil der neuen Kultur. Auf der anderen Seite wird natürlich auch Leistung verlangt. Das ist auch keine Frage.

Was würden Sie denn sagen, vielleicht noch zum Abschluss, wenn wir einmal von der Vorstandsperspektive ausgehen, retrospektiv: Wie wäre denn ein erster Schritt, wenn ich ein Zukunftsbild habe und es in die Umsetzung bringen möchte? Was würden Sie den Menschen raten an ihrer Stelle?

Erst einmal viele Gespräche führen, um herauszufinden, wie das Haus tickt. Wie ticken die Führungskräfte? Wie ticken die Maßgeblichen, die man braucht, um so einen Veränderungsprozess erfolgreich umsetzen zu können? Das ist ganz wichtig. Dann muss man für sich eine Strategie entwickeln: Wie komme ich zum angestrebten Ziel und welche Stellschrauben muss ich drehen? Dann ist es wichtig, möglichst viele von der Richtigkeit und Wichtigkeit des Ziels zu überzeugen und auf dem Weg dorthin mitzunehmen. Das wird nicht immer funktionieren. Hier und da muss man auch bereit sein, Entscheidungen zu treffen, von deren Notwendigkeit man überzeugt ist. Gleichzeitig muss man im Blick haben, die Mitarbeiter einerseits nicht zu überfordern, andererseits aber auch klare Ansprüche zu formulieren. Es wird nie funktionieren, wenn man nur darauf wartet, bis der Letzte so weit ist.

Ich denke, das sind erst einmal die Stellschrauben, wie gesagt: Wer ist der Maßgebliche oder die Maßgebliche im Haus? Wer beeinflusst die Stimmung? Wie kann ich erreichen, diese Personen zu überzeugen und auf dem Weg mitzunehmen? Oder ich komme zur Erkenntnis, mit anderen diesen Weg weiterzugehen. Gute Vernetzung – auch nach außen – ist immer wichtig. Gerade bei so einem Veränderungsprozess. Da bedarf es natürlich auch des Commitments der Entscheidungsträger, auch außerhalb des Hauses. Dann kann man auch Kritik besser aushalten, weil vom Grundsatz her alle wissen, wo es hingehen soll und ein Commitment besteht, dass es die richtige Richtung ist.

Vielen Dank, Herr Pawellek, für dieses spannende Gespräch und diesen tiefen Einblick in Ihre letzten sechs Jahre. Ich wünsche Ihnen und natürlich Ihren Mitarbeitenden ganz viel Freude und Erfolg auch bei den nächsten Schritten. Denn es ist nicht ruhiger geworden. Im Gegenteil: Die Finanzindustrie steht ganz vielen Herausforderungen gegenüber. Gleichzeitig ist es auch so, dass mit den Voraussetzungen, die Sie geschaffen haben, die besten Möglichkeiten bestehen, diese zu meistern.

Herzlichen Dank. Man muss solche Situationen immer als Chance verstehen. Einfach kann jeder, deswegen freue ich mich auf die zukünftige Zeit, auch wenn sie vermeintlich ein wenig rauer werden sollte.

Tipp:
QR-Code scannen und Podcastfolge erneut anhören
oder über diesen Link: **https://apple.co/3gH3ngU**

Der Vorreiter der digitalen Beratung in der S-Finanzgruppe – mit Ludwig Zitzmann

Diese Podcastfolge erschien am 14. Februar 2022.

VORSTELLUNG VON LUDWIG ZITZMANN

Ludwig Zitzmann ist Vorsitzender des Vorstands der Sparkasse Oberpfalz Nord. Die Sparkasse Oberpfalz Nord im nördlichen Bayern ist vor neun Jahren eine der ersten Sparkassen gewesen, die das Thema ‚Digitale Beratung' für sich integriert und umgesetzt hat. Ludwig Zitzmann hat über 45 Jahre Erfahrung in der „Sparkassenfamilie" und bekleidet seit 1997 verschiedene Vorstandsmandate.

ESSENTIALS:

» Bereits vor neun Jahren wurde in der Oberpfalz die erste „Digitale Filiale" erschaffen.

» Als Pionier und ohne Blaupause wurde alles inhouse entwickelt – entscheidend war hier ein diverses Team aus Mitarbeitern verschiedener Altersklassen.

» Das Vorgehen war eine schrittweise Integration nach einer Testphase in verschiedene Bereiche und die Fläche.

» Begeisterte Mitarbeiter und Kunden sind die wirkungsvollsten Multiplikatoren bei der Einführung neuer Ansätze.

Heute ist es sehr verbreitet, aber vor neun Jahren waren Sie einer der Pioniere der virtuellen Beratung. In Bayern waren Sie die erste Sparkasse und in Deutschland die zweite. Was war damals der Beweggrund, dass Sie sich diesem Thema so früh angenommen haben?

Vor neun Jahren war für uns eine Themenstellung in der nördlichen Oberpfalz der Grundauslöser. Wir hatten sehr viele junge Menschen, die des Studiums wegen, des Berufs wegen, der Liebe wegen aus der Region abgewandert sind. Zudem haben wir in der Region sehr viele große ‚Hidden Champions' als Arbeitgeber, wo die Mitarbeiterinnen und Mitarbeiter bundesweit und weltweit unterwegs sind. Es war Fakt, dass wir diese Menschen mit unseren Ansätzen in der Beratung immer weniger erreichten. Gleichzeitig kam langsam das Thema Internet, digitales Banking und Near Banks in der digitalen Welt hoch. Wir haben uns dann die Frage gestellt: Wie kann man dem entgegengehen? Wir wollten diese Medien für die Beratung nutzen. Dann gab es einen denkwürdigen Auftritt eines deutschen Sparkassen-Präsidenten in Berlin und der sprach von der digitalen Filiale. Das war für mich das zündende Wort. ‚Digitale Filiale'. Ich habe mir dann auf dem Rückweg die Frage gestellt: Wie kann man das umsetzen? Wie kann man beratend die digitalen Medien nutzen, um wieder dort zu sein, wo der Kunde ist, also am Arbeitsplatz, weltweit unterwegs, egal wann, egal wo. Wir wollen, wir müssen näher an den Kunden ran, und zwar beratend. Das war damals der entscheidende Unterschied. Es gab schon alles, mit Ausnahme eines digitalen Beratungsansatzes. Es war für uns die grundlegende Herausforderung, das zu kreieren und das zu tun. Da sind wir weit, weit vorne gewesen. Und Sie haben es gesagt, es waren zwei Sparkassen – und eine davon waren wir.

Was ist danach alles passiert? Sie haben nicht nur Ihre eigene digitale Filiale weiterentwickelt, sondern Sie begleiten auch andere dabei, dies zu tun. Was hat sich in den letzten neun Jahren getan?

Wenn man die Historie noch mal Revue passieren lässt, dann ist eines schon bezeichnend: Ich kam mit dieser Idee ins Haus und ich hatte diese dann in einer Führungsrunde unserer Bereichsleitung vorgestellt. Zunächst war ein bisschen Skepsis da, logisch. Im nächsten Schritt konnte ich meinen Verwaltungsräten das Thema ‚Digitalisierung – ein Ansatz, neue Medien für Beratung zu nutzen' erläutern und hatte dann die volle Unterstützung unseres Aufsichtsgremiums, also unseres Verwaltungsrates. Das würde man von einer „konservativen Sparkasse" zunächst einmal nicht erwarten. Die Herausforderung war natürlich, zu sagen: „So, und jetzt packen wir das an!" Wir haben uns zwar eine externe Projektstruktur gegeben, aber das Tun war alles hausgemacht. Wir hatten nirgends eine Blaupause oder die Möglichkeit zu sagen: Da fahren wir jetzt hin, schauen uns das an und bringen es ins Haus. Stattdessen war es alles handwerkliches Tun und wir waren zum Teil wirklich holzschnittmäßig unterwegs. Wir hatten durchaus ambivalente Erfahrungen, als es um die Auswahl der Kundengruppen ging und um einige technische Themen. Aber wir hatten immer einen kreativen Korpsgeist. Außerdem hatten wir eine Mischung aus jungen, dynamischen Kolleginnen und Kollegen, und durchaus erfahrenen, ich will nicht sagen mit konservativen Sichtweisen, aber sie haben uns schon den einen oder anderen Aspekt gespiegelt, auf den wir achten müssen.

„Wir hatten nirgends eine Blaupause oder die Möglichkeit zu sagen: Da fahren wir jetzt hin, schauen uns das an und bringen es ins Haus."

Ludwig Zitzmann

Wir hatten auch die Begleitung unserer Hochschule über den Lehrstuhl für E-Commerce. Gemeinsam mit unserer Ostbayerischen Technischen Hochschule OTH hier in Weiden haben wir die Themen vorangetrieben. Die Sparringspartnerschaft mit der Hochschule war dabei sehr wertvoll. Wir haben Marktstudien, Marktanalysen, Befragungen und all diese Themen für uns selbst im kleinen Rahmen gemacht und sind zur Erkenntnis gekommen: Das könnte funktionieren! Es gibt den Bedarf. Es gibt den Wunsch. Es gibt die Aussage von vielen Kundengruppen, ich betone: Kundengruppen, dass wir mit dieser Art der Beratung durchaus den Nerv der Zeit oder den zukünftigen Nerv der Zeit erwischen könnten. Es motiviert ungemein zu sagen: Okay, wir bauen uns etwas, was uns als Sparkasse stabil in die Zukunft tragen kann. Und ein Stück weit hat dieser Optimismus, diese Erkenntnis, dass das ein Feld der Zukunft ist, uns von Anfang an getragen.

Virtuelle Zusammenarbeit inkl. der ganzen Tools ist heute im Jahr 2022 eine Selbstverständlichkeit geworden. Vor neun Jahren (2013) durfte ich Teil der Projektgruppe sein, da gab es diese Vielfalt an Tools noch gar nicht und eben keine Blaupause. Wie ist es nach diesem Auftakt weitergegangen?

Wir hatten zunächst eine ‚Family and Friends'-Phase, in der wir mit unseren Kolleginnen und Kollegen die Themen erprobt haben. Dann sind wir im ersten Aufschlag auf die für uns relevanten Kunden, das waren rund 3.500, zugegangen mit dieser Art und Weise der Beratung. Wir mussten, das gebe ich jetzt zu, von dieser Art der Beratung noch überzeugen. Heute ist es selbstverständlich! Heute sind verschiedenste Tools für Web-Meetings State of the Art. Damals war das komplettes Neuland. Also mussten wir in der Einzelargumentation unsere Kundinnen und Kunden dafür gewinnen. Mit einem sehr schnellen Effekt: Die Kundinnen und Kunden waren begeistert! Wir hatten kein negatives Feedback. Das hat uns natürlich motiviert, das Ding weiter voranzutreiben. Unser kleines Erfolgsgeheimnis war, dass wir nicht sofort in die Fläche, in alle Geschäftsstellen und in alle Bereiche des Hauses gingen. Stattdessen haben wir es zunächst mit einem Kernteam und unserer s@on in eine Serienreife und Praxiserprobung gebracht. Bis wir sagen konnten „Okay, funktioniert, wir können euch unterstützen." Im Haus haben Kolleginnen und Kollegen die Chancen dieses Systems sofort erkannt. Sehr schnell kam die Aussage: „Will ich auch haben."

Wir gingen aus dieser Kernstruktur raus in die Filialen, dann in die einzelnen Vertriebsbereiche, zu den Baufinanzierern, ins Private Banking und so Stück für Stück ins Haus hinein. Bei dieser Ausflächung hilft es ungemein, dass die eigenen Kolleginnen und Kollegen das Know-how weitergeben. So, dass die digitale Welt, welche heute in verschiedensten Features und in unglaublicher Vielfalt bereits existiert, auch Stück für Stück von den Kolleginnen und Kollegen verinnerlicht werden kann.

Gerade für das Filial-Banking der Sparkasse war und ist es natürlich ein Prozess, der Stück für Stück Überzeugung braucht. Das hat unsere s@on übernommen, die sich aus Jungen und Junggebliebenen zusammengesetzt hat. Unser Erfolgsgeheimnis dabei: Das Kernteam bestand eben nicht nur aus 20- bis 25-Jährigen, sondern auch aus Menschen, die Mitte 50 bis um die 60 Jahre waren und es begeistert mitgetragen haben. Danach haben wir schnell bei Sparkassen für Aufmerksamkeit gesorgt, die auch auf Entscheider-Ebene erkannt haben, dass das die Zukunft sein kann. Es war aus unserem Pioniergeist und der inneren Überzeugung heraus die logische Konsequenz.

Ich erinnere mich daran, wie ich in diesen Runden prophezeit habe: Wenn das so fliegt, wie wir uns das gerade zurechtlegen, ist der Moment nicht weit, in dem wir anderen Sparkassen diese Art und Weise der Beratung weitergeben und sie dabei unterstützen, das zu implementieren. Und auch heute fragen andere Sparkassen bei uns nach, wie man da am besten rangeht. Denn aus heutiger Sicht ist eines klar: Es ist nicht die Frage der Tools, der Technik und der Software. Es ist die Frage: Wie gehe ich mit diesen Tools um? Wie schaffe ich es, Kunden begeistert in den Meetings zu halten, begeistert mit Informationen zu versorgen? Wie schaffe ich es, mit dieser Interaktion zu begeistern, damit der Kunde und damit der Bürger lange in der Beratung bleibt?

„Wie schaffe ich es, Kunden begeistert in den Meetings zu halten, begeistert mit Informationen zu versorgen?"

Ludwig Zitzmann

Hinsichtlich des Beratungserlebnisses unterscheidet sich die digitale von der analogen Welt überhaupt nicht. Es geht eben nicht um die Technik, sondern darum, dass der Kunde gerne mit Ihnen in Kontakt tritt.

Unser Erfolgsgeheimnis ist die Art und Weise der virtuellen Beratung. Wie wir Kunden begeistern können und zum Beispiel mit Unterstreichen oder virtuellem Malen informieren können und die Aufmerksamkeit aufrechterhalten. So bleiben begeisterte Kunden zum Teil über eine Stunde in den Systemen. Diese Erfahrungen geben wir auch heute noch gerne weiter an diejenigen, die uns anfragen.

Wie haben es die Kundinnen und Kunden damals weiterhin angenommen? Wie schaut es heute aus?

Heute schaut es so aus, dass wir über alle Kundengruppen hinweg damit arbeiten. Wir informieren unsere Kolleginnen und Kollegen darüber und nutzen die Tools auch als Vorstand für die Interaktion im Haus. Wir haben bis dato keinen negativen Aspekt entdecken können bei dieser Art und Weise der Beratung. Im Gegenteil, viele Kundinnen und Kunden schätzen die Bequemlichkeit, von zu Hause oder ihrem Arbeitsplatz aus unsere Beratung zu erleben. Das ist heute State of the Art.

„Viele Kundinnen und Kunden schätzen die Bequemlichkeit, von zu Hause oder ihrem Arbeitsplatz aus unsere Beratung zu erleben."

Ludwig Zitzmann

Interessant war ein Ereignis in der Corona-Zeit. Mobiles Arbeiten von zu Hause aus war für uns damals der nächste logische Schritt, welchen wir bereits vor Corona eingeleitet hatten. Als die Pandemie kam, fragte uns die Bankenaufsicht logischerweise, inwieweit wir unsere Businesspläne coronabedingt schon angepasst hätten, weil wir weniger Vertriebsaktivitäten hätten. Da konnten wir sehr selbstbewusst sagen: „Nein, wir brauchen nichts anzupassen, wir sind ‚in line'." Unsere Beratungen funktionieren über die Distanz mit unseren Systemen. Es machte riesige Freude zu sehen, dass wir auch in diesen Zeiten für unsere Kunden da sein konnten – für uns als Entscheider, aber auch für die Kolleginnen und Kollegen. Unser Business hat in keiner Weise darunter gelitten. Im Gegenteil, Kundinnen und Kunden hatten Zeit und konnten sich mit ihren Finanzen stärker befassen, als sie es sonst getan hätten.

Wenn wir es heute rückblickend betrachten, dann sind diese neun Jahre die Vorwegnahme einer Entwicklung gewesen. Heute ist die virtuelle Beratung Standard in unserem Gesamtgeschäft. Es müsste eigentlich für jede Sparkasse Standard sein, mit diesen Themen so umzugehen. Denn die entscheidenden Vorteile sind auf Kundenseite.

Wir hatten es von Anfang an immer vom Kunden her gedacht, um es ihm so einfach und bequem wie möglich zu machen. Wir wollten ihn entscheiden lassen, wo er unsere Beratung gerne hätte. Ob digital, in der Mittagspause, am Abend, nach Feierabend oder vielleicht auch in der Geschäftsstelle. Interessanterweise war zumindest im Startbereich der Wunsch der Kunden: „Zur Unterschrift komme ich vorbei. Ich möchte Sie sehen." Diese Tasse Kaffee, die haben wir auch heute noch gerne für unsere Kunden verfügbar. Sie dürfen es sich aussuchen, wo sie uns treffen wollen. Ich glaube, das ist der Weg für Kundinnen und Kunden, mit einer Sparkasse zu interagieren.

Ich bin heute noch den Kolleginnen und Kollegen des Hauses und auch Ihnen, Herr Dr. Weimann, dankbar, dass wir das so miteinander entwickeln konnten. Ich glaube, wir wussten damals alle nicht, welche Tragweite das wirklich annehmen würde. Dass wir im Grunde genommen für eine Zeit gerüstet sind, die heute Standard ist. Vor neun Jahren war von uns allen gar nicht abzusehen, was kommt und wie notwendig das wird, um erfolgreich zu bleiben.

Es war eine spannende Reise und was daraus entstanden ist, hätten wir damals gar nicht antizipieren können. Das sehe ich ganz genauso wie Sie.

Bei aller Emotionalität, die in den Worten mitschwingt, dürfen wir eines dabei mit Stolz sagen: Der Ertrag, der Erfolg, die Stabilität des Erfolges, der Ausbau des Geschäfts – all das bestätigt den richtigen Weg. Unser Haus hat sehr viel Herzblut in diese Geschichte gesteckt. Aber der monetäre Erfolg, die Stabilisierung und der Ausbau von Erträgen, die Sicherung von Kundenbeziehungen über die Distanz hinaus, die Möglichkeit für Kunden, uns zu kontaktieren von wo und wann sie wollen, das ist Ultima Ratio was wir brauchen.

Definitiv. Wenn die Menschen begeistert sind von dem, was Sie anzubieten haben, dann danken sie das mit langjähriger Kundenverbindung und daraus resultierenden Erträgen. Was glauben Sie, wie es weitergeht, wenn Sie an die Beratung in Sparkassen denken?

Da gibt es eine ganz klare strategische Ausrichtung unseres Hauses. Es war für uns die logische Weiterentwicklung, dass wir Beratungsräumlichkeiten schaffen, die weggehen von der klassischen Filialstruktur mit Barrieren, mit Möbeln, die der Vergangenheit angehören. Stattdessen wollen wir ein Ambiente schaffen, wo Mitarbeiterinnen und Mitarbeiter interagieren, wo mobiles und digitales Arbeiten Spaß macht, wo Räumlichkeiten sind, die zukunftsorientiert alle Optionen ermöglichen. Der Kernprozess und die Kernaufgabe von Sparkassen ist die Beratung. Und wir werden uns in diese Richtung weiterentwickeln. Das heißt, die Servicebereiche werden sich Stück für Stück in die technisierte Welt verlagern. Wir werden Service ein Stück weit über virtuelle Stellen darstellen. Da sind wir bereits in der zweiten Ausbaustufe. Ich spreche dabei nicht von irgendwelchen Rückzugsaktivitäten, sondern davon, dass sich die Art und Weise unseres Geschäfts noch mal ein Stück beratungsorientierter verändern wird.

> **„Die Art und Weise unseres Geschäfts wird sich noch mal ein Stück beratungsorientierter verändern."**

Ludwig Zitzmann

Wenn wir an Hörerinnen und Hörer denken, die vielleicht am Anfang stehen oder vielleicht noch gar kein virtuelles Team haben. Was würden Sie den Kolleginnen und Kollegen ans Herz legen?

Wichtig ist, dass es mit einem Kernteam im Haus losgeht, dass es Stück für Stück in die Fläche und in die einzelnen Kunden- und Beratungssegmente reingeht. Dass man sich bewusst ist, dass der Weg nicht allein zu gehen ist, sondern dass viele Tools und Möglichkeiten bei den beratenden Gremien bereits vorhanden sind. Ich würde betonen, dass es eine entscheidende Managementaufgabe ist, die Dinge begeistert und konsequent in die Fläche zu bringen und zu überzeugen, dass das der Weg in die Zukunft ist. Die Begeisterung beim Kunden folgt auf dem Fuß.

Es ist unser Job, die Dinge nach vorne zu steuern, begeistert ins Haus zu bringen und vor allem keine Angst vor der digitalen Welt zu haben. Im Gegenteil, die digitale Welt und die virtuelle Beratung geben Chancen ohne Ende. Wir müssen nur den Mut haben, sie zu nutzen, denn unsere Kunden sind zum Teil weiter, als wir es glauben. Mehr noch: Sie erwarten in der heutigen Zeit diesen Weg der Beratung, um es ihnen so bequem wie möglich zu machen.

„... die digitale Welt und die virtuelle Beratung geben Chancen ohne Ende. Wir müssen nur den Mut haben, sie zu nutzen, denn unsere Kunden sind zum Teil weiter, als wir es glauben."

Ludwig Zitzmann

Vielen Dank, dass Sie sich die Zeit genommen haben, einen Einblick zu geben, was Sie die letzten neun Jahre in der virtuellen Beratung erlebt haben.

Tipp:
QR-Code scannen und Podcastfolge erneut anhören
oder über diesen Link: **https://apple.co/3GTptr3**

Wie können Büros Innovationen fördern oder behindern? – mit Eva Mueller

Diese Podcastfolge erschien am 19. Juli 2021.

VORSTELLUNG VON EVA MUELLER

Eva Mueller ist seit über 27 Jahren die führende Expertin, wenn es um Kunst in Unternehmen geht. Mit dem Institut für Wirtschaftspsychologie an der LMU München erstellte sie eine Studie zu Kunst im Unternehmen, um die Wirkung auf Firmen und ihre Klientel zu untersuchen. Dieses Know-how lässt sie in ihre tägliche Arbeit einfließen, um intelligente, ästhetisch ansprechende und inspirierende Orte zu schaffen. Sie wirkte an diversen Publikationen zu diesem Thema mit und hat bereits unzählige Firmenzentralen mit Kunst zu ausdrucksstarken Orten der Begegnung gemacht.

ESSENTIALS:

» Büros sind Orte der Begegnung und Kreation – Gedanken und Ideen werden durch die Räumlichkeiten gefördert, oder verhindert.

» Kunst kann kommunizieren und damit Identität schaffen und Veränderungsprozesse in Unternehmen unterstützen.

» Arbeiten von Morgen braucht Heimat und Menschlichkeit – Kunst kann dies in Büroräumen schaffen.

» Die Gestaltung von Beratungsbereichen für Kunden zahlt sich aus, denn wo sich der Kunde wohlfühlt und wiederfindet, will er eher kaufen.

Du bist Kunstberaterin. Was genau macht denn eine Kunstberaterin?

In der Kunstberatung gibt es verschiedene Ausrichtungen: Es gibt jene, die vorwiegend zur privaten Anlage beraten. Das ist nicht mein Bereich. Ich bin spezialisiert auf Kunst im Unternehmen. Das heißt, wie kann ein Unternehmen mit Kunst seine Mitarbeiterinnen und Mitarbeiter oder Kunden auf eine andere Weise ansprechen? Wie kann ein anderes Arbeitsklima entstehen? Wie kann man zeigen: Wer sind wir eigentlich? Was ist unsere Identität? Was unterscheidet uns von anderen? Ich denke, Kunst ist so etwas Lebensnotwendiges, das eigentlich jedes Unternehmen braucht.

Was genau nimmst du wahr in Unternehmen diesbezüglich? Welche Rolle spielt Kunst in dem, was du tust, im Kontext von Unternehmen? Wie siehst du das, was Kunst tun kann? Was macht die Kunst in Unternehmen mit den Menschen, die in diesen Orten arbeiten?

Wir haben alle Erfahrungen von wirklich schönen Räumen oder von Räumen, die uns auf den ersten Blick sofort ansprechen. In denen wir uns wohlfühlen und das Gefühl haben: Hier kann ich arbeiten. Hier ist eine schöne und inspirierende Atmosphäre. Kunst ist keine Dekoration, die herumsteht oder hängt – und die mir nach kurzer Zeit nichts mehr zu sagen hat. Das ist sicher ein Vorteil von Kunst. Sie führt uns sehr viel weiter in verschiedene Bereiche von Leben und Arbeit und spricht dabei existenzielle Dinge in uns an. Wir haben durch die Pandemie eine sehr herausfordernde Zeit erlebt. Damit gingen gerade in der Digitalisierung weitreichende Veränderungen einher. Viele Prozesse und Meetings finden jetzt online statt. Wir können nicht wieder auf den Status vor dieser Zeit zurückkehren. Das stellt gerade auch Banken vor neue Herausforderungen.

„Das ist sicher ein Vorteil von Kunst. Sie führt uns sehr viel weiter in verschiedene Bereiche von Leben und Arbeit und spricht dabei existenzielle Dinge in uns an.

Eva Mueller

Also müssen wir nun neue Formen finden. Viele Unternehmen, mit denen ich zusammenarbeite, haben schon vorher darüber nachgedacht und zum Beispiel ganz andere Raumgestaltungen entwickelt – seien es Lounges oder fast wohnliche Bereiche, in denen man sich wirklich gerne trifft. Wir müssen jetzt überlegen: Wenn die Mitarbeiter aus ihrem selbst gestalteten Homeoffice wieder ins Unternehmen gehen sollen, fragen sie sich natürlich: Warum soll ich jetzt eigentlich ins Unternehmen kommen? Zum einen natürlich, weil der Austausch und das persönliche Treffen ganz wichtig sind. Einschlägige Studien bestätigen, dass viele unzufrieden sind und das Gefühl haben, den Kontakt zu verlieren. Letztendlich machen sich Arbeitgeber beliebig. Wenn ich nur noch online verbunden bin, kann ich doch auch bei einer anderen Bank online arbeiten. Dann muss ich nicht bei dieser bleiben. Es muss verschiedenste Angebote geben, mit denen Zugehörigkeit erlebt werden kann. Eine Verbindung zum Unternehmen muss aktiv gestaltet werden, auch durch die Art der Räume. Da passiert gerade im Moment sehr viel.

Ich finde es immer spannend, wenn ich an Orten zum ersten Mal bin und überlege: Wie fühlt sich das für mich an? Was löst es in mir aus? Löst es in mir ein weites oder enges Gefühl aus? Finde ich das vielleicht freundlich oder weniger freundlich? Was sind da deine Erfahrungen, Eva, wenn du das erste Mal in Unternehmen hereingehst? Worauf schaust du da? Oder wie nimmst du das wahr, um so einen Eindruck zu bekommen?

Bei mir geht das natürlich sehr schnell, gerade durch die lange Erfahrung damit. Ich behaupte immer, ich kann im Eingangsbereich der Unternehmensleitung erzählen, was hier läuft und was nicht läuft. Das sieht man daran, wie Räume gestaltet sind. Jetzt kann man selbstverständlich sagen, das sehen die anderen Leute nicht. Aber sie spüren es! Wir haben diese Intuition. Woher sonst käme das Phänomen, dass wir uns in manchen Räumen sofort wohlfühlen und in anderen irgendwie ein beklemmendes Gefühl bekommen. Das ist etwas sehr Intuitives, etwas sehr Emotionales. Unternehmen haben bisher bei der Gestaltung ihrer Räume größtenteils auf Funktion geachtet, was natürlich wichtig ist, die technische Ausrüstung beispielsweise. Aber das macht den Menschen allein eben nicht aus. Ich denke, wir sind an einem anderen evolutionären Schritt. Menschen wollen auch am Arbeitsplatz Mensch bleiben und nicht nur auf ihre analytische Seite geschubst werden. Gerade im Bankenbereich ist dies mit dem Schwerpunkt der Beratung ein bedeutender, emotionaler Faktor.

Es geht auch um das Geschäft, wenn ich Menschen ein anderes Ambiente biete, in dem die Mitarbeiter beraten können und in dem sich Kunden wohl-fühlen. Nicht umsonst haben sich auch die Banken vor vielen, vielen Jahren – die Deutsche Bank war da ja führend – mit Kunst beschäftigt. Weil erst damit die emotionale und psychologische Seite in der Gesprächsebene berücksichtigt wird. Viele beziehen sich dabei auf Bilder. Ich versuche mich in meinen Konzepten ganz auf den jeweiligen Ort einzustellen. Welche Menschen halten sich dort auf? Was ist ihre Beschäftigung in diesem Raum? Und sehr grundsätzlich: Wo will das Unternehmen eigentlich hin? Wie kann ich beispielsweise Transformationsprozesse mit meiner Arbeit unterstützen? Es ist allerdings nicht so, dass Kunst damit auf eine Technik der Visualisierung reduziert würde. Aber Kunst kann natürlich anregen, über bestimmte Dinge nachzudenken. Das ist uns Menschen auch sehr gemäß. Wir kennen das. Mit diesem Wissen können wir schöne Orte gestalten für Menschen.

Es gibt viele Banken, die du schon begleitet hast in Kunstkonzepten. Somit kennst du die Entwicklungen, die es gibt im Bankenbereich. In Banken haben wir den Bereich, den die Kundinnen und Kunden betreten, also die Beratungsbereiche zum Beispiel. Und wir haben die Zonen, die eher interne Bereiche sind, die nur von den Mitarbeiterinnen und Mitarbeitern genutzt werden. Wenn wir im Kundenbereich anfangen: Gibt es da Dinge, die dir besonders in Erinnerung geblieben sind oder die man vielleicht beachten sollte?

Wir haben mit Kunst für Banken sehr viel Erfahrung. In den Beratungsbereichen ist es mir wichtig ein bestimmtes Thema zu finden, das in die Zukunft weist und so Mitarbeiter und Kunden anregt, noch genauer über ihre Vorstellungen zu sprechen. Das, was Kunst kann: Sie macht das Thema sichtbar, erlebbar und spürbar. Viele Banken haben eine Vision, aber sie wird nicht sichtbar. Der Versuch sie verzweifelt auf irgendwelchen Papieren festzuhalten, hilft auch nicht weiter. Glaubwürdiger vermittelt sie sich, wenn sich Räume verändern. Wenn die Menschen erleben: Ah, hier passiert jetzt wirklich etwas. Das ist der eine Punkt. Der andere Punkt ist: Wir haben zum Beispiel in einer Bank das Thema Porträt, bzw. Mensch und Natur, in den Beratungszimmern platziert. Weil ihnen diese Kompetenz, wirklich auf jeden Einzelnen im Beratungsbereich einzugehen, wichtig war.

Mit unterschiedlichen Stilrichtungen sprechen wir verschiedene Zielgruppen an, von Rötel-Zeichnungen, die man Michelangelo zuschreiben könnte, bis zu ganz neuen abstrakten Arbeiten. Die Berater in der Bank suchen sich dann eben den Raum aus, in dem sie sich wohlfühlen oder denken, die Menschen, die ich gerade berate, finden zu dieser Kunst am ehesten Zugang. Ein Berater hat sich zum Beispiel einen Holzschnitt ausgesucht, der heißt „ausgeschüttet". Darauf sieht man ein abstraktes Gefäß in Kipplage. Der Berater sagt, er findet darüber ganz oft einen Gesprächsanfang. Sein Einstieg: „Was wollen Sie denn eigentlich? Was soll unsere Zusammenarbeit ausschütten für Ihr Leben?" Damit kommen ganz andere Gespräche zustande als die, die vielleicht einem vorherigen Standard entsprachen.

Es gibt in den Sparkassen dieses Heimatmodell, wo man versucht, starke regionale Motive zu verwenden, um den Kunden einzubetten. Würdest du sagen, dass diese menschliche Gestaltung von Räumen auch für dich die Zukunft ist, dass man da noch viel, viel stärker darauf achten wird als heute?

Auf jeden Fall! Über die Zeit der letzten 27 Jahre hat sich unglaublich viel verändert. Früher wurde Kunst häufig als Dekoration missverstanden.„Da muss halt irgendwo etwas an der Wand hängen". Meine Kunden wissen, dass ich zuerst konzeptionell mit ihnen arbeite und mich sehr stark auf dieses Unternehmen, auf den Ort, auf die Region einlasse. Gerade, wenn du sagst, Region: Wir hatten zum Beispiel einmal ein Gebäude von einer Bank, das für etliche Menschen von großer geschichtlicher Bedeutung für ihre Stadt gewesen war. Im Zuge des Bankneubaus wurde es abgerissen. So entstanden etliche Feindschaften gegenüber der Bank. Obwohl das alte Gebäude wirklich nicht mehr zu retten gewesen war. Daraufhin haben wir mit einem würdigenden Text und einer kleinen Installation um den alten Grundstein ein bleibendes Identifikationsmerkmal geschaffen.

„Zur Fusion einer anderen Bank fuhr ich mit einem Fotografen durch die Landschaft im Filialnetz. Mit diesen künstlerisch gestalteten Fotos konnten wir die neue Verbindung der Mitarbeiter und Kunden auf schönste Weise sichtbar und spürbar machen."

Eva Mueller

Zur Fusion einer anderen Bank fuhr ich mit einem Fotografen durch die Landschaft im Filialnetz. Mit diesen künstlerisch gestalteten Fotos konnten wir die neue Verbindung der Mitarbeiter und Kunden auf schönste Weise sichtbar und spürbar machen. Damit kommt es nun zu netten Situationen, wenn sich Mitarbeiterinnen und Mitarbeiter vor einem Foto treffen und sagen: „Das ist doch da!" Der andere sagt dann: „Nein, das ist nicht dieser Ort X! Schau mal, da ist doch der Baum und das kann nicht sein und hier der Kirchturm!" „Doch, das ist die Stelle, wenn ich auf dem Berg stehe!" So kann man die Leute zusammenbringen. Man hätte auch einfach irgendwelche touristischen Fotos aufhängen können. Aber Kunst kann eben noch einmal etwas anderes. Ein künstlerischer Blick weitet. Legt eine andere Ebene offen oder bringt essenziellere Dinge zum Vorschein.

Wie würdest du in diesem Kontext Kunst definieren? Ich glaube, bei Kunst denken viele Menschen sofort an Bilder. Wenn ich dich richtig verstehe, ist dein Kunstverständnis viel, viel größer. Möchtest du uns da einmal hereinholen, was das eigentlich alles ist, Kunst im Unternehmen?

Im letzten Jahrhundert verstand man darunter wirklich vorwiegend Bilder, Skulpturen und Plastiken. Wenn wir an den Anfang des 20. Jahrhunderts denken, an die vielen Avantgarde-Bewegungen, entstanden neue Ausdrucksmittel mit Licht, Farbkonzepten, Objekten, Performances. Für Flure eignen sich Farbkonzepte ganz hervorragend. Sie sind einfach umzusetzen und können Mitarbeiterflure aufwerten. Mit relativ wenig Geld, aber auf sehr intelligente Weise lassen sich solche Wege, die häufig frequentiert werden, vollkommen verändern. Man kann in diesen Bereichen auch mit Lichtinstallationen arbeiten. Oder mit Skulpturen vor dem Gebäude.

Es gab in einer Bank die große Sorge, dass die Kunden bei der Eröffnung sagen: „Ah ja, das machen die mit unserem Geld." Kurz vor der Einweihungsfeier kamen diese Ängste besonders zum Vorschein. Ich kenne diese Besorgnis: Wie nehmen das jetzt unsere Kunden auf? Die Entscheidung, erst nur das Erdgeschoss, also den Kundenbereich mit Kunst auszustatten, war diesen Bedenken geschuldet. Zur Eröffnung war die Reaktion ganz unerwartet anders: „Also das verstehen wir nicht. Jetzt habt ihr den Kundenbereich so schön gestaltet. Wieso denn nicht den Mitarbeiterbereich?

Es gibt ja auch bei Banken und Sparkassen häufig Dinge mit langer Historie. Zum Beispiel einen Bestand an Bildern oder Skulpturen, die da bereits stehen. Oftmals sehen die Menschen das gar nicht mehr. Wie gehst du da vor? Du hast vorhin dieses Beispiel der Fusion gebracht. Was sind da für dich erste Schritte, wie du das dann in die Umsetzung bringst?

Für mich ist der Vorlauf in der Beratung sehr wichtig. Also wirklich zu verstehen: Um welches Unternehmen mit welcher Geschichte handelt es sich? Wie ist es in der Region verankert? Ich schaue mir auch an: Wie gestalten andere Banken in der Umgebung ihre Räume? Erst nach dieser Recherche arbeite ich die Guidelines heraus – einen Kunstkompass mit zwei, drei Kern-Themen. Das sind die Themen, die UNS ausmachen, die uns auch von anderen unterscheiden. Wenn die Guide Lines im Vorstand Übereinstimmung finden, dann kann ich ein Konzept für die passende Kunst entwickeln.

Ist es so, dass man immer ein großes Gesamtkonzept über alle Gebäude braucht? Oder würdest du sagen, man könnte zum Beispiel auch einmal einzelne Räume oder einzelne Bereiche gestalten?

Nein, das muss es natürlich nicht. Es ist durchaus hilfreich die Gestaltung langsam zu entwickeln – oder nur in einzelnen Bereichen, damit die Menschen mitwachsen können. Das ist mir sehr wichtig. Wenn Mitarbeitende vorher keinen näheren Kontakt mit Kunst erlebt haben, dann sind ihnen die Zusammenhänge fremd. Auch, was du vorher gesagt hast, spielt eine Rolle.

Welche Art von Kunstwerken gab es? Wurden sie gar nicht mehr bemerkt? Haben sie sich ohne tiefere Bedeutung und Qualitätssicherung irgendwie angesammelt? Ich werde in diesem Zusammenhang häufig zu sogenannten „Kunst-Kellerleichen" in Banken geführt. Vielleicht kannte der Vorgänger irgendeinen Künstler und kaufte von ihm an. Dann stellt man fest, das ist ein Laienkünstler. Da kann man eigentlich nichts mehr mit anfangen. Bei einer guten Sammlung besteht die Möglichkeit vorhandene Werke ganz anders zu hängen. Das kann schon viel verändern. Oder einiges wegzunehmen und den Menschen bewusst zu machen: Was ist eigentlich bedeutend? Wenn wir Kunst nicht als tote Materie sehen, sondern als ein Symbol mit Aussage, dann muss ich das auch spüren lernen.

Ich konnte das bei meinen Kunden oft erleben. Ein sehr eindrückliches Beispiel: Eine große Bank wollte in ihrem Neubau die Mitarbeiterbereiche gestalten. Mit einer Gruppe von 15 Leuten wählte ich über ganzen Tag hinweg Werke für acht Mitarbeiter-Stockwerke. Zu Beginn wurden die Bilder einfach umgedreht, mit der provokativen These: „Das ist doch moderne Kunst. Kann man doch auch umdrehen." Wir haben wirklich alles diskutiert. Nach vier, fünf Stunden waren die Leute unglaublich gut. Haben sofort gesehen: Passt das dahin? Was macht es? Wie verändert sich der Ort? Wenn jemand im Flur entgegenkam und sie fragten: „Du bist doch in der Abteilung. Wie findest du das?", spürte man deren Ratlosigkeit im Gegensatz zu den Teilnehmern der Gruppe. Sie haben also gemerkt, wie sie gewachsen sind. Ich war fix und fertig danach. Aber das schönste war, nach vier, fünf Stunden meinten sie: „Frau Mueller, wir müssen noch einmal an den Anfang gehen. Wir können nun besser beurteilen. Da müssen wir noch einmal etwas ändern!" Ich hatte so einen Pool an Kunstwerken dabei, zum Thema, das wir in den Guidelines mit dem Vorstand besprochen hatten. Und letztendlich hatte die Gruppe die anspruchsvollsten Arbeiten ausgesucht. Es war so eine Freude! Man merkt, wie schnell das eigentlich geht, wenn wir vergleichen können, wenn wir gemeinsam in einem Raum stehen und sehen: Wenn dieses Bild, diese Skulptur oder diese Veränderung passiert, was macht es mit mir? Wenn etwas anderes zu sehen ist, was macht es dann mit mir? Die Chance so unmittelbar die Unterschiede zu erleben, ist sehr sinnvoll. Womit man dann rechnen muss, ist, dass die Leute aus allen möglichen Abteilungen kommen und sagen: „Frau Mueller, zu uns müssen Sie kommen! Bei uns ist es ganz schlimm!" Denn plötzlich sehen die das. Oft wird auch extrem aufgeräumt, wenn die Räume mit Kunst gestaltet wurden. Weil auf einmal alles wahrgenommen wird. Das ist es, was Kunst kann. Sie lenkt unseren Blick ganz anders, steigert unser Bewusstsein.

„Das ist es, was Kunst kann: Sie lenkt unseren Blick ganz anders, steigert unser Bewusstsein"

Eva Mueller

Ich kann mir vorstellen, dass das intensive Stunden waren, die du da geschildert hast, aber da passiert ja so viel auch in den Köpfen und vor allen Dingen auch Herzen der Menschen. Wobei manchmal mit zig Workshops gar nicht derselbe Effekt zu erzielen ist, wie wenn man sich einfach einmal über so etwas unterhält. Dazu fand ich dein Beispiel mit der Fusion und den regionalen Kunstwerken sehr eindrucksvoll.

Ja, und es ist sichtbar. Ich habe dann unbekannte Details und sogar witzige Sachen mit dem Fotografen gefunden: z.B. eine ganz ulkige Putte aus einer Kirche, ganz unscheinbar in einer Ecke, die kaum jemand entdeckt. Natürlich wurde gefragt, was die Putte hier soll. Mein Ansatzpunkt war: Wie gut kennen die Leute ihre Umgebung, mit der sie sich gerade bei Fusionen identifizieren. Solch kleine Gedankenstupser können Verankerungen in Frage stellen, die häufig so verklebt sind: Wir kommen aus dieser Bank und wir machen das aber immer schon so. Wie sicher kennt man sich dann wirklich aus? Man diskutiert darüber, man begegnet sich und alle sind da. Durch die Fotos wird sichtbar, diese Regionen sind durch die Fusion zusammengewachsen. Dafür wollte ich schöne Symbole und Zeichen finden.

Jetzt kann man mit Kunst den Transformationsprozess in den Köpfen der Menschen transportieren durch das, was die Räume und die Gestaltung der Räume mit den Leuten machen. Würdest du sagen, man kann Unternehmensvisionen oder Unternehmenswerte auch künstlerisch umsetzen und dadurch transportieren?

Ja, auf jeden Fall! Gerade zum Beispiel arbeite ich mit einer Bank, die sich sehr stark im Nachhaltigkeitsbereich engagiert. Also beispielsweise Handwerksbetriebe bei ihren ökologischen Initiativen unterstützt. Es gibt eine Menge Künstler, die sich genau mit diesem Thema auseinandersetzen: Was passiert mit unserer Umwelt, mit Ökologie? Diese Anliegen werden immer wichtiger. Vieles im Angebot der Banken ist austauschbar. Wir müssen also unterscheidbare Werte kommunizieren: Wer sind wir eigentlich? Was erwartet mich in diesem Unternehmen? Das ist sonst nicht nur für Mitarbeiter beliebig, das ist auch für die Kunden so. Kein Wunder, wenn sie sagen: Na gut, ob ich jetzt zu der Bank oder der gehe, was ist da eigentlich der Unterschied?

Viele Banken und Sparkassen haben Herausforderungen betriebswirtschaftlicher Natur, um die Häuser in die Zukunft zu führen. Oftmals könnte dann ein Einwand sein: Bei den ganzen strategischen Themen, die wir haben, ist da die künstlerische Gestaltung unserer Arbeitsbereiche wirklich das Thema, das uns nach vorne bringt? Was würdest du da antworten?

„Wenn ich die Menschen nach vorne bringen will, dann muss ich ihnen Seelennahrung geben."

Eva Mueller

Na ja, wenn ich die Menschen nach vorne bringen will, dann muss ich ihnen Seelennahrung geben. Das ist nun mal Kunst. Sie ist kein funktionales Mittel. Sie ist ein emotionales und psychisches Mittel. In meiner Studie mit der Universität München zum Thema „Kunst im Unternehmen" war das auch von den Mitarbeitern so zu hören. Menschen wollen sich wertgeschätzt fühlen. Kunstwerke sind einzigartig und sorgen für ein einzigartiges Umfeld. Wenn ich meinen Mitarbeitern und Kunden damit höchste Wertschätzung entgegenbringe, dann geben die das auch weiter. Wenn ich wertgeschätzt werde, dann kann ich auch wertschätzend beraten. Heute zudem sehr aktuell, wie man die Menschen mit hybriden Arbeitsmodellen miteinander verbindet und inspirierende Kommunikationszonen schafft für Mitarbeiter und Kunden.

Auch Kunden erwarten mittlerweile mehr als nur einen Bildschirm. Da kann die Beratung noch so nett sein. Andere Ideen scheiterten. Es gab ja mal eine Tendenz in Banken noch ein Café und einen Kleiderladen ins Haus zu holen. Ich habe mir einige Beispiele angesehen und fand die furchtbar. Man steht da wie in einer Bahnhofshalle. Da kann die gute Frau an der Theke und am Schalter noch so großartig sein, die muss quasi gegen etwas anarbeiten. Das schafft die gar nicht. Ich kann sie entweder in ihrer Arbeit unterstützen oder ich kann sie wirklich dermaßen herausfordern. Die Bankangestellte war gut, aber meine Bank des Vertrauens wäre das nicht.

Jetzt hast du schon ganz viele Vorher- und Nachher-Erlebnisse gehabt von Gebäuden, von Räumlichkeiten, von Büros. Wenn du einmal so zurückblickst, was Menschen gesagt haben, wenn du sie mal wiedergetroffen hast nach einer gewissen Zeit, und die dann in den mit Kunst gestalteten Räumlichkeiten mehr Zeit verbracht haben? Kannst du dich da an Feedbacks erinnern, was die Menschen gesagt haben nach so einer Neugestaltung?

Sehr in Erinnerung ist mir der Vorstand einer großen Bank hier in München. Der meinte zu Beginn: „Wissen Sie, Frau Mueller, mit mir müssen Sie so sprechen: Ich komme vom Hirschgeweih." Er war kurz vor der Pensionierung, und wollte dieses Unternehmen noch einmal verändern, mit seinem jüngeren Kollegen zusammen. Der war so engagiert und hat dann ein wirklich ungewöhnliches Gemälde für sein eigenes Büro ausgesucht. Seine eigene

Sekretärin kam gar nicht so schnell mit, wie der sich verändert hat. Er hat mir erzählt: „Wissen Sie, seitdem ich jetzt im Konferenzraum sitze, gucke ich auf das Bild und mir fallen neue Aspekte ein. Es ist eine ganz andere Atmosphäre. Ich habe wirklich gelernt, was hier passieren kann." Ich bin, wenn so ein Konzept läuft, ja oft eine sehr lange Zeit im Unternehmen meiner Auftraggeber. Manchmal über einen Zeitraum von zwei Jahren und viele Mitarbeiter sagen: „Es ist ein vollkommen anderes Arbeiten. Ich konnte mir das nicht vorstellen. Für mich waren das einfach Bilder. Ich wusste gar nicht, von was Sie da immer reden oder was Kunst kann. Aber jetzt habe ich es verstanden. Ich habe Gespräche geführt. Ich fühle mich ganz anders. Es ist einfach ein vollkommen anderes Arbeiten hier."

So geht es mir auch immer, wenn ich mit dir in den Austausch trete und über Kunst spreche. Die Begeisterung, diese Leidenschaft und diese Erfahrung, wie gesagt, da hast du mir auch die Augen noch einmal ganz neu geöffnet: Wie ich in die Räume schaue, wie ich auf Bilder schaue, wie ich darauf achte: Was macht der Raum? Die Laufwege, was machen die mit mir? Was sehe ich da? Das nehme ich noch einmal anders wahr, seit ich dir begegnet bin.

Vielen Dank für das Interesse an der Kunst!

 **Tipp:**
QR-Code scannen und Podcastfolge erneut anhören
oder über diesen Link: **https://apple.co/3VCKytN**

Was Solaris anders macht als klassische Banken – mit Dr. Jörg Howein

Diese Podcastfolge erschien am 16. August 2021.

VORSTELLUNG VON DR. JÖRG HOWEIN

Dr. Jörg Howein verantwortet als Vorstand und CPO bei Solaris die Produktteams, das heißt von der Produktidee über die Entwicklung bis zur Umsetzung. Die Vision von Solaris ist „To create a world where financial services seamlessly sync with life". Bevor Dr. Jörg Howein zu Solaris ging, war er über acht Jahre als Unternehmensberater bei der zeb GmbH tätig, einer der führenden Finanzdienstleistungsberatungen in Europa. Nach seiner Zeit bei zeb wechselte er zu KI finance Köln, einer Beratungsboutique mit Fokus auf Digital Banking.

ESSENTIALS:

» Solaris befähigt mit „Banking as a Service" andere Unternehmen, Bankprodukte auf den Markt zu bringen.

» Digitalisierung und Kunden-Relevanz sind die größten Herausforderungen für die klassische Bank.

» „Embedded Finance" wird immer wichtiger und somit die Flächenpräsenz perspektivisch unbedeutend.

» Agilität braucht Entscheidungen an der Basis, denn Mitarbeiter können diese oft besser als Führungskräfte.

Aus dem Blickwinkel von Solaris – einer sehr technologischen Bank: Magst du uns mal reinholen, in eure Welt? Was macht eigentlich Solaris?

Ja, das mache ich sehr gerne. Du hast unsere Vision schon zitiert, also spare ich mir das jetzt und versuche es ganz vereinfacht zu beschreiben. Was wir machen, nennen wir ‚Banking as a Service'. Wir befähigen andere, die keine Banklizenz haben, ihren Kunden Bankprodukte anzubieten. Unser Geschäftsmodell ist damit, wie wir das immer sagen, ein B2B2X-Modell. Wir haben Partner – das mittlere B – die ihren Endkunden über uns Bankprodukte anbieten. Typischerweise sind unsere Partner selbst keine Banken, sondern Unternehmen jeglicher Art. Das können Fintech-Unternehmen sein, das können aber auch Corporates sein. Es kann jede Art von großen Playern oder auch kleinen Playern sein, die in irgendeiner Form Banking in ihre Produkte mit integrieren. Damit sind wir bei dem ganz wichtigen Punkt: Integrieren von Bankprodukten. Das ist das nächste wichtige Buzzword, was man an dieser Stelle verstehen sollte: Embedded Finance. Wir glauben sehr stark daran. Es war ganz früh in der Geschichte von Solaris für uns klar im damaligen Management, dass sich Financial Services über Zeit in die Prozesse bewegen, die der Kunde machen möchte. In der Vergangenheit war Banking noch sehr stark etwas, was man als Stand-Alone sah. Da ging man zur Bank, um seinen Finanzbedarf in irgendeiner Form zu erfüllen. Heute und noch viel mehr morgen sehen wir, dass das Banking mit gelöst wird in anderen Prozessen. Ein frühes und letztendlich sehr einfaches Beispiel von vor ca. acht Jahren ist MyTaxi. Das war das erste hier in Deutschland beziehungsweise in Mitteleuropa relevante Endkundenprodukt, wo das Payment auf einmal ganz seamless integriert war in den größeren Prozess. Der größere Prozess war: Ich will von A nach B kommen und brauche dafür ein Taxi. Das Zahlen war darin völlig integriert. So sehen wir Banking im größeren Sinne in der Zukunft. Nicht nur was Bezahlen angeht, sondern auch was Konten, Kredite, Geldanlage und so weiter angeht. All das sehen wir integriert in überliegenden Prozessen, weil der Kunde noch nie zur Bank gehen wollte. Stattdessen will der Kunde konsumieren, sparen oder Geld bewegen und dabei helfen wir ihm. Das muss kein selbststehender Prozess sein, sondern das kann auch integriert sein.

„Sync with life" heißt also, dass ich Financial Services genießen kann, ohne dass ich ganz bewusst merke, wer der Bankpartner ist, der dahinter steht?

Genau, im Prinzip sind wir als Bank ein bisschen, ich mag den Begriff „White Label" nicht sehr gerne, aber ja, wir sind ein bisschen im Hintergrund und genau unsere Marke ist in dem Sinne keine Endkunden-Marke. Wir sind eine reine B2B Marke, weil der Endkunde uns nicht kennen muss. Der Endkunde kennt die Marken unserer Partner.

Jetzt hast du gesagt, ihr befähigt andere, die Lust haben, Bankprodukte auf den Markt zu bringen. Auf der einen Seite ist es sehr technologisch. Auf der anderen Seite ist es aber auch die ganze aufsichtsrechtliche Thematik, dadurch, dass ihr eine Vollbanklizenz habt für den Markt, richtig?

Genau das ist glaube ich ganz wichtig und das sind, für unser Geschäftsmodell betrachtet, die wesentlichen Argumente. Die Vollbanklizenz war der Startpunkt. Solaris hat 2015 angefangen mit dem Banklizenz-Antrag. Das zweite ist, dass wir uns sehr technologisch ausgerichtet haben. Wir sind eine, man würde sagen, API-Only-Company. Nach vorne raus, wo andere Frontends haben, haben wir „nur" APIs. Diese APIs nutzen unsere Partner, um sich darauf zu connecten und da letztendlich ihre Frontends draufzusetzen. Das ist unten drunter technologisch alles relativ modern. Wir sind jetzt fünfeinhalb, sechs Jahre alt und haben in dieser Zeit alles, was wir hier im Zusammenhang mit Technologie betreiben, selbst und neu gebaut. Fast alles. Es gibt ein paar Sachen, die wir einkaufen und wir haben natürlich den Anspruch, dass wir das Ganze sehr tief automatisieren.

„Was wir hier im Zusammenhang mit Technologie betreiben, haben wir in den letzten Jahren alles selbst und neu gebaut."

Dr. Jörg Howein

Banking as a Service ist ein Skalierungsbusiness. Da müssen wir sehr effizient sein. Deswegen stecken wir sehr viel Zeit und Ressourcen rein, dass wir sämtliche Bankprozesse tief automatisieren, um mit möglichst wenig Menschen in repetitiven Tätigkeiten auszukommen. Überall dort, wo wir mehr als eine Handvoll Menschen bräuchten, die jeden Tag das gleiche machen, da machen wir dann lieber für ein paar Monate ein Tech Team drauf, die das gut automatisieren, sodass wir künftig nicht mit Menschen skalieren müssen, wenn wir weiterwachsen.

Du bist absoluter Banken-Experte. Wir haben uns durch unsere Tätigkeit für den Marktführer, für die Beratung von Financial Services kennengelernt. Auf der anderen Seite bist du seit vielen Jahren bei Solaris, wo alles aus dem Blickwinkel eines Technologieführers passiert. Wie blickst du auf die klassische Bankenwelt, wenn du an Großbanken, Sparkassen, Genossenschaftsbanken denkst? Und du hast vorhin das Stichwort „Embedded Finance" erwähnt. Was glaubst du, wie wird sich die Branche entwickeln?

Vielleicht hole ich da mal ein bisschen aus, zu dem Punkt, wo ich für mich entschieden habe, dass ich aus dem klassischen Banking raus möchte. Wir waren beide in der Beratung und ich habe in der Zeit zwischen 2006 und 2016 eine ganze Menge Banken von innen gesehen. In Deutschland, quer durch die Branche, von der kleinen Volksbank bis zur großen, was auch immer, Deutschen Bank oder Commerzbank und so weiter. In den letzten Jahren in der Beratung, so 2014, 2015, habe ich festgestellt, wie die Digitalisierungsthemen langsam wirklich die relevantesten Themen für Banken wurden. Wir sind damals als Berater von außen reinkommen und wollten den Banken dabei helfen, haben aber gleichzeitig auf vielen Ebenen Schwierigkeiten gesehen. Das fing an mit dem Verständnis dafür, dass das wichtig ist. Typischerweise musste man erst sehr intensiv erklären, warum Digitalisierung eigentlich bedeutend ist und warum diese Dinge gar nicht mehr weggehen werden. Und wenn das dann verstanden war, zumindest ansatzweise, dann kamen typischerweise die Beschwerden, dass die Technologie nicht da war und die Provider und Infrastrukturen nicht in der Lage waren, mit höherer Geschwindigkeit Änderungen umzusetzen, damit man wirklich zu einem kundengerichteten, kundenfokussierten Offering kommen konnte. Das hat mich irgendwann frustriert. Deswegen bin ich gegangen. Ich glaube, hier bei Solaris tragen wir dazu bei, die Transformation des Bankings deutlich zu beschleunigen. Wenn ich jetzt auf die klassischen Banken gucke, dann sieht man eine ganze Menge positiver Veränderungen. Da gibt es viel mehr Verständnis, Wahrnehmung, auch Diskussionen über die Themen, wie man Bankkonten heute anbieten kann. Aber trotzdem gibt es, in meiner Wahrnehmung, immer noch das Problem, dass es lange dauert, weil die Infrastrukturen, die Prozesse, das Setup und die Technologie noch entwickelt werden. Es ist noch relativ weit weg von Agilität und Flexibilität und folgt eher starren Strukturen, langwierigen Wasserfallprozessen. Wenn man auf den europäischen Markt guckt, sind immer mehr Player da, die bestimmte Produkte ausgesprochen gut anbieten. Es reicht heute nicht mehr, anzunehmen, dass der Kunde, weil er immer Kunde bei der Bank XY vor Ort war, dort auch morgen noch Kunde sein wird. Es ist anders und da tun sich viele schwer, das Tempo mitzugehen.

Wie gelingt es euch, dass ihr am Puls der Zeit arbeitet?

Die Antwort hat sehr viele Facetten. Ich will versuchen, ein paar Aspekte rauszupicken. Einer ist sicherlich, dass wir ein modernes Setup aufgebaut haben. Sowohl von Teamstrukturen, von Verantwortungsstrukturen – am Ende, wie wir Führung bei Solaris leben und gleichzeitig die Technologie entwickelt haben. Zur Technologie: Klar, die Gnade der späten Geburt. 2015 angefangen, ist es eine komplett microservicebasierte, mehrsprachige Architektur, inzwischen vollständig auf AWS, wo man Änderungen in Microservices relativ leicht machen kann, weil man eben kleine Dinge verändert. Wir haben nicht wie die großen Banken drei Release-Termine im Jahr, sondern hatten in den letzten zwölf Monaten, glaube ich, 7.000 bis 8.000 Deployments in Produktionssystemen. Bei uns wird jeden Tag neuer Code in Produktion gebracht und zwar ganz lokal in den dezentralen Teams, die an ihren Services arbeiten. Wir haben in Summe ca. 22 Teams. Im Allgemeinen versuchen wir, Hierarchien immer flach zu halten. Prinzipiell werde ich immer nervös, wenn ich von irgendwo aus der Organisation den Vorschlag höre, irgendetwas in irgendeinem Management Committee zu besprechen, weil ich mich immer erst frage: Warum eigentlich? Können das Teams nicht lokal entscheiden? Wozu braucht es jetzt den Vorstand? Die wissen doch am Ende Sachen gar nicht besser als die Teams, die lokal die Verantwortung tragen. Die können die vielen Dimensionen eines Problems in vielen Fällen besser begreifen als das Higher Management auf irgendeiner Ebene.

„Teams, die lokal die Verantwortung tragen, können die vielen Dimensionen eines Problems in vielen Fällen besser begreifen als das Higher Management auf irgendeiner Ebene."

Dr. Jörg Howein

Es ist immer wieder der Versuch, Verantwortung lokal zu verankern, die Teams entscheiden zu lassen und im Zweifel auch Fehler machen zu lassen und daraus zu lernen. Das ist aber das Schöne. In dieser Kleinteiligkeit passieren im Zweifel nur kleine Fehler. Es werden keine großen Fehler gemacht, weil wir gemeinsam über ein halbes Jahr mit Dutzenden von Menschen an der einen großen Sache gearbeitet haben. Wir machen kleine Dinge, kleine Veränderungen, und wenn ein Fehler passiert, dann lässt es sich leicht wieder zurückrollen und in wenigen Stunden oder mit weniger Aufwand korrigieren. Diese Akzeptanz von Fehlern, eine dazu passende Kultur, dezentrale Entscheidungen, das ist glaube ich das Wesentliche, was Unternehmen schaffen müssen, damit sie ein gewisses Level an Agilität erreichen können. Und dann folgt irgendwann der technische Teil dazu. Wenn ich eine Firma so aufbaue, dass sie dezentral agiert, dann wird sich über die Zeit auch meine IT-Infrastruktur dahin entwickeln können.

Was können denn klassische Banken tun, um genau den Weg zu gehen, den es braucht, um wieder mehr Relevanz zu gewinnen?

Das ist, glaube ich, keine einfache Veränderung für die großen Gruppen. Ich glaube, Banking wird immer spezifischer. Das sehen wir auch darin, wo sich Fintech hin entwickelt. Niemand braucht mehr die durchschnittlich gute Universalbank, denn die ist für jeden einzelnen Kunden immer nur durchschnittlich schlecht. Was Kunden heute kaufen, ist ein Nischen-Banking, ein Vertikal Banking, wo spezifische Zielgruppen besonders gut bedient werden. Das sehen wir in unseren Partnern – inzwischen haben wir wahrscheinlich 15 oder 18 Partner auf unserer Plattform –, die in irgendeiner Art Neo-Banken sind. Typischerweise haben die eine sehr enge Zielgruppe, die im Zweifel gar nicht Millionen von Kunden groß ist, sondern sogar nur sechsstellige Kundenanzahlen überhaupt erreichen kann. Deswegen macht für solche Player Zusammenarbeit mit Banking-as-a-Service-Anbietern Sinn, weil man vielleicht für eine sechsstellige Kundenanzahl gar nicht effizient eine Bank aufbauen kann. Aber sie richten sich darauf aus, die spezifischen Bedürfnisse dieser einzelnen Kundengruppe zu erfüllen, und bauen ihre Technologie angemessen dazu auf. Wir sind da unten drunter das, ich sage immer, ,Commodity Produkt Layer', denn ganz ehrlich: Ein Konto ist ein Konto. Das ist immer in den Kernfunktionalitäten Geld von links nach rechts zu buchen. Hoffentlich schnell, hoffentlich korrekt, sozusagen immer gleich. Aber das Drumherum, welche additional Services, wie ich das beim Kunden platziere, wie ich ihm das zugänglich mache, das unterscheidet sich sehr stark nach Typen von Kunden und ihren individuellen Bedürfnissen. Und jetzt muss man das sozusagen drüber legen über das, wie wir Banken im Großen und Ganzen sehen. Du hast vorhin Sparkassen genannt. Wir haben ca. 380 bis 400 Sparkassen in Deutschland, die vom Produktangebot im Prinzip alle gleich sind. Sie haben eine Regionalität, also eine Aufteilung nach kleinen Regionen. Aber die Leute sind alle gleich und sie versuchen damit alle Kunden zu bedienen, egal welche spezifischen Interessen und Bedürfnisse der Kunde eigentlich hat. Da bricht eigentlich schon das Konzept. Kundenbedürfnisse sind doch nicht definiert nach meinem Wohnort. Das ist doch völlig irrelevant. Relevant ist doch mein Beruf, mein Lebensumfeld, meine Familie, meine finanzielle Lage – und das ist doch definierend für meinen Kundenbedarf. Dann bist du an dem Punkt, wo jemand, der sich auf den Kunden ausrichtet, genau darüber nachdenkt. Eine Regional-Bank denkt lediglich über ihre Region nach, die aber alle Arten von Kunden zusammenwirft. Und jetzt setz noch die Dimension zentrale IT-Infrastruktur obendrauf. Wie soll ich denn meine regionale Nähe ausspielen, wenn ich am Ende nur das machen kann, was meine zentrale IT-Abteilung oder mein IT-Provider sich zentral überlegt? Damit ist auch die Lokalität verloren, weil ich nämlich nicht mal mehr spezifische Angebote für die Region bauen kann, weil ich abhängig vom zentralen Provider bin. Ich weiß, ich male jetzt sehr schwarz-weiß und überspitze offensichtlich. Es ist nicht so schwarz-weiß, wie ich es darstelle, aber ich glaube, der Punkt kommt rüber. Kundenbedarfsfokussierung mit sehr spezifischer Infrastruktur versus Regionalität und zentraler IT – das kann ja nicht ganz zusammengehen.

Wenn wir versuchen, die Zeit vorzuspulen und du dir das Banking in fünf oder zehn Jahren vorstellst, wie wird die Welt des Bankings aus deiner Sicht aussehen?

Vor allen Dingen wird Banking einfacher für den Kunden. Das sehen wir heute schon. Wir sind eine deutsche Bank und gehen gerade in den europäischen Markt relativ weit rein. Wir machen Niederlassungen auf in mehreren europäischen Ländern. Trotzdem will ich gern über Zentraleuropa sprechen, denn es ist eine Region, die immer schon overbanked gewesen ist. Das heißt, der Kunde hat hier kein Problem, ein Bankkonto zu bekommen. Aber der Kunde hat im Zweifel eben schon ein Problem, ein Konto zu bekommen, was seine spezifischen Bedürfnisse erfüllt. Und deswegen wird das in den nächsten Jahren für den Kunden einfacher und zugänglicher werden und er wird einfach bessere, passende Bankproduktangebote aus einem jeweiligen Kontext heraus erleben können. Wir kämpfen dafür, dass es für den Kunden einfacher wird. Das kann man global noch ganz spannend weiterdiskutieren über viele Regionen der Welt, wo Banking heute eben nicht so accessible ist etc. Auch da wird sich eine Menge tun, weil andere das Banking mitbringen und es nicht mehr die Bank sein muss, die eine Filiale irgendwo aufbaut. Zugänglichkeit ist für mich der wichtigste Aspekt in der Zukunft des Bankings.

„Zugänglichkeit ist für mich der wichtigste Aspekt in der Zukunft des Bankings."

Dr. Jörg Howein

Es gibt eben noch ganz viele Regionen dieser Welt, wo der Zugang zur Bank überhaupt schon mal der Gamechanger ist. Wenn man auf die Kundenschicht der klassischen Banken schaut, dann haben die sehr viele ältere Kunden, die ihre Hauptklientel darstellt. Ist es für die ebenso übertragbar, dass es technologischer und somit einfacher wird? Oder müssen wir differenzieren in der jeweiligen Kundengruppe?

Ich glaube, du hast zwei Bewegungen: Zum einen gibt es auch inzwischen eine ganze Menge ältere Menschen, die die Theorie gut verstehen. Also auch meine Mutter, inzwischen über 70, geht kaum noch in die Bank, sondern macht das im Wesentlichen alles online und macht das inzwischen immer mehr über eine Smartphone App, wo sie es früher noch auf dem Web Interface gemacht hat. Da entwickeln sich die Leute auch weiter. Klar gibt es eine Menge ältere Menschen, die noch angewiesen sind auf die Papierüberweisungen und die Filiale. Aber nun gut, wie die Zeit so geht, irgendwann gibt es diese Leute nicht mehr. Und in zehn, 15 oder 20 Jahren ist das branchbased und papierhafte Banking ausgestorben und man kann alles digital abbilden. Das sind schon die Zeithorizonte, in denen es noch einen Bedarf für Flächenpräsenz von Banken geben wird. Aber dann wird dies, meiner Meinung nach, keine Rolle mehr spielen, weil man da nicht mehr hin muss. Selbst für die komplexen Dinge muss man nicht hin. Wir haben in den letzten 18 Monaten gerade alle gesehen, wie wir hervorragend auch ganze Unternehmen, per Videochat führen können. Wir haben gerade ein Unternehmen gekauft, als Solaris, quasi per Video, weil wir nicht reisen konnten, weil wir nach England, wo wir einen Wettbewerber übernommen haben bzw. gerade dabei sind, gar nicht hinkamen.

Dadurch, dass ihr andere enabled, habt ihr als Solaris eigentlich ein klassisches B2B-Geschäft. Die Fintechs und die Partner-Banken sind die, die mit euch arbeiten wollen, also eure Kernzielgruppe. Diese haben wiederum dann den Endkunden als Kunden. Habe ich das so richtig verstanden?

Genau.

Damit ihr aber technologisch auch das abbilden könnt, was eure Partner ihren Endkunden anbieten, müsst ihr die aktuellen Trends verstehen, sehen und antizipieren. Wie gelingt es euch, die unterschiedlichsten Zielgruppen und Bedürfnisse und die Trends zu beobachten und zu antizipieren in der Technologie?

Ich glaube, da ist es wichtig, sich vor Augen zu führen, wo in den verschiedenen Schichten – ob im Banking oder im Geschäft – eigentlich Spezifität passiert und wo nicht. Also ganz High-Level kann man sagen, besteht jede Bank dieser Welt im Prinzip aus drei oder vier Schichten. Das eine ist unterliegend: Es gibt eine Lizenz, die befähigt mich, das Geschäft überhaupt zu tun. Darüber gibt es das, was man typischerweise Kernbank-Systeme nennt, der untere Layer: Ledger-Systeme, Konten, wo ich die Salden halte und die Buchungen durchführe und daraus eine Bilanz mache und so weiter. Da drüber sind typischerweise mächtige Prozess-Schichten, wo ich eine ganze Menge an Geschäftsprozessen abbilde. In dieser Schicht arbeiten meine Mitarbeiter und tragen im Prozess Durchführung ins Digitale hinein. Dann kommt die vierte und oberste Schicht, das Frontend in Richtung des Kunden. Wenn man in diesen Schichten denkt, dann bildet Solaris die unteren drei Schichten ab: Lizenz-Kernbank-System mit allen Prozessen. Bis zu der Ebene unterscheidet sich am Ende ein Konto nicht nach Zielgruppen, da ist ein Konto ein Konto. Es ist sogar egal, ob der Kunde ein Business ist oder ein Konsument. Das ist vielleicht ein anderer KYC-Prozess, aber im Großen und Ganzen kann das Konto das Gleiche sein, egal für welche Zielgruppe. Die Differenzierung kommt am Frontend und da sitzen dann unsere direkten Partner, die dann ihre Endkunden bedienen.

Ich würde es mal an einem Beispiel erklären, weil das dann schön plastisch wird. Einer unserer inzwischen langjährigen Partner ist Penta. Penta bietet ein Geschäftskonto an und ich würde sagen, das ist eines der besten Geschäftskonten im deutschen Markt für kleine Unternehmen. Zum Beispiel für die kleine GmbH oder UG zwischen 55 und vielleicht auch 500 Mitarbeitern. Penta findet und löst eine ganze Menge von Themen rund um das Konto, wie zum Beispiel das ganze Thema Buchhaltungsintegrationen, Rechnungsstellung und Rechnungsverarbeitung. Aber auch Mitarbeiterkarten innerhalb meines Unternehmens, Kartenlesegeräte, wenn ich Zahlungen entgegennehmen möchte – also alles Themen, die ergänzend um das Konto herum liegen. Sehen wir es einmal aus den Augen des Kleinunternehmers mit 20 Mitarbeitern. Ein Konto kriegt er überall, das ist nicht das Problem. Was ihm oder ihr schwerfällt, ist jedoch, den Buchhaltungsprozess und den Finanzprozess in dem kleinen Unternehmen zu managen. Denn diese Menschen sind typischerweise Unternehmer, zum Beispiel mit einem Restaurant oder einem Café oder einem kleinen Shop. Diese Menschen haben typischerweise kein Interesse an Finanzen. Ein Anbieter wie Penta managt dann vielleicht diese ganze finanzielle Sphäre von Kleinunternehmen effizient. Das Konto ist dabei auf der einen Seite ein wesentlicher Bestandteil, auf der anderen Seite aber gar nicht so wichtig. Viel wichtiger ist das Drumherumliegende, was das Banking oder die Finanzen für den Unternehmer einfach macht. Und da ist die Differenzierung, da ist auch die Zahlungsbereitschaft.

Und jetzt will ich zu deiner Frage kommen: Woher wissen wir, was wir bauen müssen? Auf meiner Ebene ist vieles noch in einem gewissen Maße generisch. Die Spezifität bringt unser Partner für seine Nische mit rein. Und natürlich sprechen mit wir unseren Partnern, denn hier und da brauchen sie dann schon mal Dinge, die auf der Infrastruktur oder Bankprodukt-Ebene passieren müssen. Da sind wir im ständigen Austausch und profitieren davon, dass unsere Partner ihre jeweiligen Kundenzielgruppen sehr genau kennen. Wir sind dann bereit, für Partner Dinge zu bauen, die in einem spezifischen Kundensegment relevant sind.

Danke für das Beispiel mit Penta. Da wird es noch mal schön plastisch, wo ihr euch positioniert. Ich glaube, jeder, der schon mal ein Konto für eine GmbH eröffnet hat, weiß, dass es da bereits an der Kontoeröffnung oftmals scheitern kann und wie viel Aufwand dafür notwendig ist.

Damit fängt es schon an. Den Business-KYC-Prozess, den kann man kompliziert machen, wenn man möchte. Das machen erstaunlicherweise eine ganze Menge klassischer Banken und wir versuchen das natürlich einfach zu machen. Und das ist schon der erste Gewinn, wo man bei uns innerhalb von typischerweise maximal einem Tag das Konto voll digital aufmacht.

Genau, von zu Hause aus.

Das ist mal ein schönes Beispiel, sozusagen exemplarisch. Lass uns mal fragen, was hier kundengerichtet ist. Guck dir mal an, wie ein Kontoeröffnungsformular bei einer klassischen Bank aussieht. Da füllst du seitenweise Informationen über deine Firma aus, angefangen beim Namen, Handelsregister, Adresse und vielen anderen Details. Die sind alle in digitalen Quellen vorhanden. Wenn du bei Penta in den Onboarding-Prozess gehst, dann fragen die dich nach drei, vier Informationen im Wesentlichen: Firmennamen und Handelsregister-Nummer und Namen der gesetzlichen Vertreter. Mehr brauchst du nicht, weil der ganze Rest in öffentlichen Quellen verfügbar ist, die man sowieso für den Business-KYC-Prozess braucht. Ebenso der Handelsregisterauszug. Warum soll man den Kunden diese ganzen Dinge in ein Papierformular eintragen lassen, was einfach nur lange dauert? Stattdessen fragen wir nach den drei, vier relevanten Datenfeldern am Anfang und den Rest holen wir uns aus den entsprechenden Quellen dahinter. So machen wir es für den Kunden zu einem ganz einfachen Prozess. Dieses Denken, sich zu fragen: „Was brauche ich wirklich vom Kunden und was kann ich mir woanders her holen?", ist viel effizienter. Das ist vielleicht auch einer der Kerne von gut geschnittenen, kundenorientierten Prozessen.

Bleiben wir bei der GmbH-Eröffnung. Im klassischen Banking tippt der Mitarbeiter, bei dem man stundenlang sitzt, die Informationen innerhalb des Prozesses ein. Das ist extrem langweilig und die Zeit kann nicht wertschöpfend genutzt werden. Nach eineinhalb Stunden ist der Kunde fertig, der Mitarbeiter auch und das einzige, was passiert ist, ist die Kontoeröffnung.

Wir wissen alle, dass die Erfahrung mit einem Produkt mit dem ersten Berühren beginnt. Das erste Berühren ist hier die Kontoeröffnung. Was, wenn es dann schon frustrierend ist, wie wenn ich eine schlecht gemachte Verpackung von meinem neu gekauften Produkt aufreißen muss und dabei schon die ersten Probleme habe? Stattdessen gucken wir alle darauf, wie ich zum Beispiel mein neues iPhone auspacken kann. Ein Riesenerlebnis.

Absolut.

So müsste doch Banking auch sein.

Das ist eine schöne Überleitung ins Finale. Erst mal Danke für deine spannenden Einblicke und Sichtweisen. Was würdest du jemandem, der heute in einer klassischen Bank oder Sparkasse beschäftigt ist, raten, wenn du an die Zukunft denkst? Was ist jetzt zu tun?

Arbeitet an euren Führungsstrukturen. Arbeitet daran, dass eure Mitarbeiter Entscheidungen treffen können. Die können das. Die können meistens viel mehr, als ihnen Leute oder klassische Banken heute zumuten.

„Arbeitet daran, dass eure Mitarbeiter Entscheidungen treffen können. Die können meistens viel mehr, als ihnen Leute oder klassische Banken heute zumuten."

Dr. Jörg Howein

Der Vorstand oder die oberen Führungsebenen müssen sich zurücknehmen zugunsten der Leute, die operativ die Arbeit machen. Die können das besser. Dieses Verständnis und Selbstverständnis umzubauen, ist eine riesige Herausforderung. Es erfordert viel Veränderung in den Menschen auf allen Ebenen. Die einen müssen sich zurücknehmen und die anderen müssen einen Schritt nach vorne treten und Verantwortung noch aktiver übernehmen. Ich glaube, dass das eine riesige Bereicherung für den Alltag „normaler Mitarbeiter" in vielen Banken und Sparkassen ist, wenn sie künftig Entscheidungen viel bewusster treffen können. Und dann wird man irgendwann über IT reden müssen. Wie kriegt man Flexibilisierung in IT-Projekten hin? Dann wird die eine oder andere Bank noch Chancen sehen, sich vielleicht sogar in der Regionalität in irgendeiner Form zu behaupten. Aber dann brauchst du schnellere Bewegung dahin. Wenn es 20 Jahre dauert, dann ist es vielleicht zu spät.

Da sprichst du mir aus dem Herzen und ich danke dir für dieses wunderbar inspirierende Gespräch. Danke für die spannenden Informationen und dass du so viel aus dem Blickwinkel deiner heutigen Tätigkeit als Vorstand und CPO von Solaris mit uns geteilt hast.

Tipp:
QR-Code scannen und Podcastfolge erneut anhören
oder über diesen Link: **https://apple.co/3uhMD2A**

Bank ohne Firmenzentrale – New Work bei der Sparda-Bank Berlin – mit Frank Kohler

Diese Podcastfolge erschien am 10. Oktober 2022.

VORSTELLUNG VON FRANK KOHLER

Frank Kohler ist seit 2012 Vorstandsvorsitzender der Sparda-Bank Berlin. Die Sparda-Bank Berlin ist eine der wenigen Banken, die nur im Osten der Republik agieren, und ist nach eigener Aussage im Umgang mit Umbrüchen und Widrigkeiten erprobt. Zuvor war Frank Kohler zwölf Jahre lang bei der Berliner Volksbank tätig, zuletzt als Bereichsleiter Finanzen. Das Thema New Work liegt ihm besonders am Herzen. Er geht konsequent einen mutigen Schritt und schafft die eigene Firmenzentrale zu Ende 2022 ab. Ab 2023 wird die Sparda-Bank Berlin mit der „Präsenzstrategie" Neuland beschreiten.

ESSENTIALS:

» Das rationale Angebot verschiedener Banken unterscheidet sich kaum – es ist das WIE im Umgang mit Kunden, was den entscheidenden Unterschied macht.

» Besonders in Zeiten der Digitalisierung gibt es Menschen, die sich jenseits der Direktbanken nach Nähe sehnen – hier liegt die Zukunft der Regionalbank.

» Mobilität ist das zentrale Stichwort. Die Sparda-Bank Berlin lebt in ihren Mitarbeitern. Diese können von überall arbeiten – so ist die Sparda-Bank ebenfalls überall vertreten.

» Die Vorstandsbüros waren mit die ersten, die in der Zentrale geschlossen wurden. Es ist essenziell, dass der Vorstand mit seinem Verhalten Neues vorlebt.

» Es ist wichtig, die sozialisierten Denkgrenzen und Definitionen (z. B. eine Firma brauche eine Zentrale) zu überwinden, um offen zu sein und Neues zu kreieren.

Wir sind beide schon eine ganze Weile im Banking unterwegs. Wenn man auf den Markt schaut, dann war das selten spannender als heute. Es gibt viele Herausforderungen in der Finanzbranche. Wenn du so an die Zukunft einer Regionalbank denkst, Frank, wie siehst du die Zukunft einer Regionalbank, so wie ihr eine seid?

Ich sehe sie in erster Linie vernetzt, und zwar vernetzt von den Menschen her. Was eine Regionalbank, eine Genossenschaft seit jeher ausgezeichnet hat, ist der Vernetzungscharakter, wo sich Menschen zusammengetan haben, um gemeinsam etwas hinzubekommen, was dem Einzelnen nicht so gut geglückt ist. Und diese Vernetzung, die leben wir täglich. Alle, die bei uns arbeiten, leben in der Region, in der wir arbeiten, wirtschaften, kaufen dort ein, konsumieren, haben ihre Freunde und Familie da, sind also Teil dessen. Insofern begreife ich unser Unternehmen immer als ein Teil der Gesellschaft und der Region, in der wir wirtschaften und von deren Infrastruktur wir profitieren, zu der wir auch etwas zurückgeben wollen – und hoffentlich mit diesen Menschen Angebote unterbreiten, die wiederum für Menschen, die Finanzdienstleistungen suchen, hinreichend attraktiv sind.

„Was eine Regionalbank, eine Genossenschaft seit jeher ausgezeichnet hat, ist der Vernetzungscharakter."

Frank Kohler

Ihr möchtet attraktive Produkte anbieten, für die Menschen in der Region, um Teil der Region zu sein und Teil der Gesellschaft. Was heißt denn das für dich auch organisatorisch? Wie schafft ihr diese Vernetzung, die sich ja auch im Laufe der Jahre verändert hat? Wie transportiert ihr sie vom Hier und Jetzt ins Morgen?

Also erst einmal würde ich deiner These gewissermaßen widersprechen mit den attraktiven Produkten. Ich vergleiche die Bankenbranche immer gerne mit Zahnärzten – jeder braucht sie, aber keiner will sie wirklich. Die wenigsten Menschen haben wirklich Freude am Banking. Keiner surft durch das Internet, macht ein paar Games und sagt: „Jetzt gehe ich noch einmal ins Onlinebanking und richte noch eben drei Daueraufträge ein, weil es so viel Spaß macht." Sondern es ist ja eher belastend, sich mit Finanzen zu beschäftigen. Und dem Grunde nach gibt es drei Zustände: „Du hast Geld. Du brauchst Geld. Gerne auch parallel und auch unabhängig von der Tagesordnung. Und du musst das transferieren." Diese Leistungen bieten dem Grunde nach alle Banken an. Es gibt ja wenig Differenzierung in den Leistungsangeboten, aber es gibt eine hohe Differenzierung in der Art und Weise, wie man es macht und wie man sich einbringt. Und da setzen wir auf den Faktor Mensch. Ich sage immer: „Wir machen Banking für, mit und von Menschen"

Das unterscheidet uns von den Ansätzen einer Direktbank oder Neo-Banken, die großartige Jobs machen. Ich finde das fantastisch und dafür besteht ja auch ein Bedarf. Aber wie es immer so ist: Jede Bewegung löst ihre Gegenbewegung aus. Digitalisierung, so wichtig sie ist – auch für uns natürlich in den Standardprozessen –, löst gleichzeitig auch den Bedarf nach persönlicher und menschlicher Nähe aus. Da kommen wir ins Spiel und das ist unser Ansatz. Die Produktdifferenzierung kann ich ehrlicherweise in der Bankenbranche nicht so richtig gut erkennen, denn für diese drei Grundbedarfe des Menschen haben alle ein Leistungsangebot. Die Art und Weise, wie man dem begegnet und wie auch der persönliche Bedarf ist, wie man sich mit seinen Finanzen beschäftigen will, wie sehr man sich beraten lassen möchte in einzelnen Fragestellungen oder nicht, das ist dann höchst individuell und für diese Menschen sind wir da.

Die Menschen, die bei uns arbeiten, leben auch im Geschäftsgebiet, wenn auch nicht immer zwingend in dem Ort, in dem wir heute einen physischen Standort haben. Jemand, der heute in Eisenhüttenstadt wohnt, fährt durchaus nach Frankfurt (Oder), um dort zu arbeiten. In Eisenhüttenstadt haben wir bisher gar keinen Standort. Da hätte man jetzt gesagt: „Da sind wir gar nicht präsent." Das ist Quatsch, denn die Kollegin, die in Eisenhüttenstadt wohnt, ist voll präsent. Sie ist unsere Kollegin und sie ist Sparda Berlin, so wie ich es auch bin. Ich möchte dieser Kollegin eine Möglichkeit geben, diese Präsenz auch in Eisenhüttenstadt – dort, wo sie lebt und wohnt – leben zu können und sich vernetzen zu können und auch unser Bankdienstleistungsangebot den Menschen in Eisenhüttenstadt anbieten zu können. Dafür suchen wir Lösungen und diese Lösungen gehen nicht in klassischen Bankfilialen.

Das Filialsterben ist ja allgemein bekannt und meine These ist – was lange Zeit auch unser Problem war: Das ist vor allen Dingen deshalb so, weil diese Standardserviceleistungen tatsächlich viel weniger nachgefragt werden. Sie lassen sich automatisieren und digitalisieren. Das ist auch viel bequemer, als an irgendeinen Standort zu fahren. Auch uns ist es bisher in der Vergangenheit nicht gelungen, einen Standort einer Bank einmal von diesem Service und Cashthemen getrennt zu denken. Das war für uns immer eins. Filiale musste immer sein, mit Kasse, mit Geldautomat, mit Kontoauszugsdrucker und Tod und Teufel. Was wir jetzt geschafft haben, ist es, uns mental von dieser Verbindung zu trennen. Dann kann man ganz neu über Präsenz und Orte und Standorte nachdenken. Das tun wir jetzt sehr intensiv.

„Filiale musste immer sein, mit Kasse, mit Geldautomat, mit Kontoauszugsdrucker und Tod und Teufel. Was wir jetzt geschafft haben, ist es, uns mental von dieser Verbindung zu trennen."

Frank Kohler

Ihr denkt ja nicht nur das Filialen-System neu. Manche werden es gelesen haben, denn es ging durch die Presse. Ihr geht sogar so weit, dass ihr sagt, ihr möchtet perspektivisch euer Verwaltungsgebäude auflösen.

Ja, im Dezember ziehen wir aus.

Im Dezember dieses Jahres?

Ja.

Dann gehen die Menschen in die Filialen. Das habe ich richtig verstanden, oder? Also das wäre dann hybride Arbeit von zu Hause aus oder an euren Standorten vor Ort, richtig?

Genau. Mobilität ist der Überbegriff. Sie können von zu Hause aus arbeiten. Wir haben eigene Standorte, die wir ertüchtigen, dass sie für alle Funktionen der Bank nutzbar sind, und zwar effektiv nutzbar sind. Gleichzeitig schaffen wir die Möglichkeit, in Co-Working-Spaces zu gehen. Wir haben mittlerweile eine langjährige Kooperation, beispielsweise mit Sankt Oberholz (Anm.: Sankt Oberholz betreibt Co-Working Spaces in Berlin). Ansgar Oberholz ist für uns auch ein ganz wichtiger strategischer Partner, mit dem wir viel diskutieren und Brainstormings machen. Es ist auch eine Möglichkeit, eben auch dorthin zu gehen. Je nachdem, was gerade zu tun ist und inwieweit es erforderlich ist, persönlich miteinander zu arbeiten. Inwieweit konzentriertes, stilles Arbeiten erforderlich ist und wie man das auch zu Hause machen kann, weil Kinder da sind oder nicht oder die räumlichen Gegebenheiten da sind. Aber wir wollen die Angebotsmöglichkeit pro Kollegin und Kollege de facto erhöhen im Vergleich zu heute. Was umgekehrt aber auch bedeutet, dass es statistisch gesehen eben nicht mehr den einen Arbeitsplatz gibt, wo man dann noch seinen Blumentopf und seinen Bilderrahmen aufstellt.

Das ist ein Schritt, der ein Novum ist. Zumindest ist mir in dieser Form noch kein anderes Institut bekannt, das diesen Weg geht. Was war für euch der Grund, diesen Weg genau so zu beschreiten?

Das ist mittlerweile eine lange Geschichte. Wir beschäftigen uns seit bestimmt fünf Jahren mit diesem Thema in unterschiedlichen Intensitäten und auch in unterschiedlichen Stadien der Fokussierung. Da waren jetzt auch leidvolle Aspekte dabei. Wir sind, finde ich, ganz gut und fokussiert gestartet. Dann haben wir einen Standort in Frankfurt (Oder) als klassische Filiale geschlossen und einen neuen Standort aufgemacht. Block O nennen wir ihn. Er bietet Co-Working-Spaces, ein Café, eine Bankdienstleistung an. In der strategischen Partnerschaft mit Sankt Oberholz haben wir wirklich ein eigenständiges Format gefunden, was es in der Form noch nicht gab und das immer noch einzigartig auch in Frankfurt (Oder) ist. Zu dem Zeitpunkt gab es so ein Thema nur in Berlin. Heute ist das schon anders. Dann haben wir uns sehr lange, sehr intensiv und auch mit großer Leidenschaft mit diesen Themen beschäftigt. Dabei haben wir uns aber auch ein bisschen verloren, muss man sagen, denn das Thema wird ja immer größer und es ist ein bisschen der Fokus abhandengekommen.

Dann kam – es ist vermutlich der einzige Bereich, in dem mir jemals der Satz über die Lippen geht – erfreulicherweise die Pandemie. Sie hat uns schlagartig von einer Diskussion in eine „Du musst jetzt handeln"-Situation versetzt. Ich will es nicht schönreden, da hat es auch hinten und vorne gerumpelt und gehumpelt, aber letztlich waren wir binnen Wochen – es hat keine zwei Monate gedauert – in allen zentralen Funktionen komplett mobilisiert. Wir haben ein Mobilitätsgebot in der Bank sehr früh ausgesprochen, als es noch gar nicht gesetzlich erforderlich war. Das kam alles erst viel später. Wir haben da Erkenntnisse gewonnen, die immens bedeutend waren. Und wir haben in den Jahren vor der Pandemie – ich kann mich gut erinnern – ein paar Erhebungen gemacht, zu unterschiedlichen Zeitpunkten, und sind durch unsere Zentrale gegangen. Wir haben geguckt: Wie viele Menschen finden wir an ihrem Arbeitsplatz vor? Und im Schnitt waren das 50 Prozent.

Durch ganz Normales „Ich bin gerade im Urlaub./Ich bin gerade auf einer Fortbildung./Ich bin gerade in einem Meeting./Ich bin krank." Im Schnitt waren tatsächlich 50 Prozent der Arbeitsplätze besetzt zu dem Zeitpunkt, als jeder einen hatte. Das ist eine 0,5. Auch die würde heute als mutig deklariert werden. Die Vorreiter sind bei 0,6 oder 0,7. De facto haben wir festgestellt: Sie ist bei 0,5. Mit diesem Vorgehen in der Pandemie und unserem Mobilitätsgebot waren wir de facto lange Zeit bei 0,1 bis 0,2 funktionsfähig. Was wir als Zukunftsbild skizzieren und was dem einen oder anderen erst einmal erschreckend vorkommt, ist, dass wir mit 0,3 mehr haben, als es de facto in den ersten beiden Pandemie-Jahren der Fall war. Wenn man aus der Situation kommt, klingt es gar nicht mehr so radikal und so mutig.

Derzeit sehe ich am Markt unterschiedliche Strömungen. Es gibt auch die, die sagen: „Kommt bitte wieder alle zurück ins Büro. Jetzt machen wir es wieder so wie vorher." Euer Weg ist sehr konsequent, dann auch in der Folge zu sagen: „Wir gehen dann eben mit einer 0,3 als Zielmarke heraus." Wie war die Reaktion der Leute, als ihr dieses Zielbild publik gemacht habt?

Ja, ich würde jetzt lügen, wenn ich sage, dass ich Standing Ovations bekommen habe. Zunächst schien es undenkbar. Das ist Teil unseres Problems. Wir sind alle sozialisiert, ich auch als Banker. Google einmal „Zentrale" und das Erste, was kommt beim Duden, ist selbst Bankzentrale. Das sitzt fest in uns drin, wie Bankfiliale. Auch ohne Kontoauszugsdrucker kann man eine Bankfiliale nicht denken und es fällt uns ganz schwer. Das war ein großer Teil dieses Prozesses. Das irritiert erst einmal und ich weiß, ich habe diese Idee vor zwei oder drei Jahren das erste Mal skizziert bei uns im Gesamtbetriebsrat. Ich erinnere mich noch gut an die Gesichter und da konnte man auf jeder Stirn lesen: „Na ja, also hoffen wir einmal, dass er mit dem Irrsinn da nicht … das ist alles Quatsch. Das geht ja gar nicht und das wird schon nicht kommen." Woran ich mich wieder erinnert fühlte, als ich das erste Mal im Aufsichtsrat wiederum dieses Konzept skizziert habe; dort habe ich auf diese Sitzung verwiesen. Im Sinne von: „Wir beschäftigen uns gedanklich schon länger damit." Und der Betriebsratsvorsitzende, dem entfleuchte dann in dem Moment: „Ja, Herr Kohler, das stimmt, aber da hat Sie doch keiner ernst genommen." Und so war es auch, weil es erst einmal tatsächlich die Denkstrukturen, in denen wir alle sozialisiert sind, auf den Kopf stellt.

Auf der anderen Seite muss ich auch sagen, der Großteil des Wandels ist wirklich in dieser Pandemie- und Mobilitätszeit passiert. Unsere dienstälteste Kollegin, die über 40 Jahre bei uns in der Bank ist, für mich immer so ein Gradmesser, ist ganz vorne mit dabei in diesem Konzept. Was auch wieder zeigt: Es ist kein demografisches Problem, es ist kein Altersproblem, es ist ein Haltungsthema und da sind wir stark. Das soll es nicht schönreden. Das soll nicht heißen, dass es nicht Unsicherheiten gibt. „Wie genau gestaltet sich das? Wie sieht es aus? Wird das funktionieren?" Es werden auch Dinge nicht funktionieren, dann muss man sie korrigieren.

> „Unsere dienstälteste Kollegin, die über 40 Jahre bei uns in der Bank ist, [...] ist ganz vorne mit dabei in diesem Konzept. [...] Es ist ein Haltungsthema und da sind wir stark."

Frank Kohler

Wir haben die Hälfte unserer Zentrale schon abgeräumt und kommen seit Monaten jetzt friktionsfrei durch diese Zeit. Insofern bin ich optimistisch.

Es wird viel digital stattfinden, da die Mitglieder eines Teams ja dann theoretisch überall verstreut sitzen können. Da scheint ihr dann von der Arbeitsmethodik her schon sehr weit zu sein?

Ja, bis Februar 2020 war das undenkbar. Heute ist es gar nicht mehr denkbar, ohne Videokonferenzen zu leben. Hybrid ist der neue Standard bei uns. Da haben wir hier und heute noch viel zu wenig Optionen, muss man auch klar sagen. Das ist eben auch ein wesentlicher Teil des Umbaus der ehemaligen Filialstandorte und neuen Begegnungsstätten. Dass wir diese Hybrid-Technologie haben und wir das als Standard definieren. Was die 0,3 auch dem Grunde nach unterstützt: 70 Prozent dessen, was wir dem Grunde nach tun auf unterschiedlichen Funktionen, geht wunderbar über diese Medien. 30 Prozent sind katastrophal, da ist es ganz wichtig, dass man sich Auge in Auge gegenübersitzt, einen Diskurs führt, auch einen Konflikt austrägt, streitet, sich wieder verträgt. Das ist über digitale Medien echt schlecht. Dafür wollen wir auch Räume schaffen und auch für kreatives Arbeiten. Aber das macht, wenn man das mal ganz nüchtern und analytisch betrachtet, im Durchschnitt nicht mehr als 30 Prozent aller Funktionen aus.

Jetzt seid ihr auch drei Vorstände im Haus. Wie organisiert ihr euch dann innerhalb des Vorstands mit dem neuen Konzept?

Also, unsere Büros waren die ersten, die abgeräumt wurden.

Schönes Symbol auch, vorauszugehen.

Muss auch sein, tatsächlich. Ich kenne auch andere Beispiele. Da war dann Mobilität möglich, aber der Vorstand war jeden Tag in der Zentrale in seinem Büro, was automatisch dazu führt, dass sich der eine oder andere fragt: „Himmel, wenn der das nicht macht, vielleicht ist das dann doch nicht so gerne gesehen?" Insofern war für uns klar: Wir müssen die Allerersten sein, die kein Büro mehr haben in dieser Bank. Wir müssen die Allerersten sein, die im Zweifelsfall bei der Hybrid-Auswahl, Präsenz oder digital, sagen: „Ich nehme digital teil." Nur so kann es auch funktionieren. Im Zweifelsfall richten sich zu viele an diesen Funktionen aus und stellen sich Fragen, die wir uns selbst ja gar nicht stellen. Insofern müssen wir immer gucken, dass wir da vorne mit dabei sind. Gleiches gilt für die Aufsichtsratssitzungen. Wenn Hybrid der Standard ist, dann muss das ja auch für Aufsichtsratssitzungen gelten. Das hat jetzt auch nicht zwingend jeder so gesehen und da bin ich mit meinem Aufsichtsratsvorsitzenden auch immer explizit im Austausch. Daher wäre es am Anfang gut, wenn man selbst digital teilnimmt, zumindest solange sich die anderen noch nicht trauen. Wenn es erst Normalität wird, kann man ja wieder sagen: „So, wie passt es mir jetzt am besten?" Aber klar, wir müssen da voran.

Es ist ein ganz wichtiger Punkt, die Menschen zu inspirieren, so zu handeln und keine Angst zu haben, dass es vielleicht doch nicht so gewollt ist. Der Vorstand ist immer präsent im Betrieb. Das heißt, Vorstandssitzungen macht ihr dann einfach auch hybrid, einmal so einmal so, virtuell und Präsenz?

Ja, also überwiegend tatsächlich digital. Vorstandssitzungen sind so ein Klassiker, der fällt da hinein. Im Prinzip ist der Frosch immer schon rasiert bei den Themen, die in die Vorstandssitzung kommen und die kriegen dann ihre letzte Ölung durch die hohen Weihen der Vorstandsentscheidung. Die Diskurse finden im Regelfall nicht in Vorstandssitzungen statt. Es ist ein reines

Entscheidungsformat: „Okay, der Sachverhalt ist hinreichend bekannt, die Alternativen auch. Das wird noch einmal kurz diskutiert und dann entschieden." Im Regelfall sind sie de facto vorher schon entschieden, bevor man die Unterschrift daraufsetzt. Gerade für so ein Format ist es vollkommener Quatsch aus meiner Sicht, dass alle da durch die halbe Stadt gondeln, um das abzuarbeiten. Insofern ist da schon keiner mehr physisch präsent.

Wenn du an Menschen denkst, die sagen: „Wir haben die Pandemie erlebt, haben auch die Möglichkeit geschaffen, dass wir virtuell zusammenarbeiten können, aber stehen bzgl. New Work noch am Anfang." Was würdest du empfehlen, wie sie auf diesem Weg weitermachen sollten? Was sind Stolpersteine, die du erkannt hast? Magst du uns noch ein Stück in deine Erfahrung mit hineinholen?

Ich bin weit davon entfernt, anderen da gute Ratschläge zu erteilen, weil ich ernsthaft finde, das ist tatsächlich eine Frage des spezifischen Instituts, seiner Rahmenbedingungen, seiner Kultur, der Menschen, die da arbeiten. Da ist ‚one size fits all' eher ein schlechter Ratgeber. Für uns heißt Region: „Wir sind eine Bank, die im Osten der Republik tätig ist. Unser Kerngeschäftsgebiet, der Osten der Republik, wäre die ehemalige DDR ohne die Lücke in der Mitte, früher Westberlin." Das heißt, in dieser Fläche leben auch unsere Menschen. Das ist ein anderes Thema, als wenn ich nur in Berlin tätig wäre. Davon hängt ganz, ganz viel ab.

Der einzige Tipp aus unseren schmerzhaften Erfahrungen: Wo wir nicht weitergekommen sind im Denken und was uns blockiert hat, war tatsächlich, dass wir uns bzgl. der Bankfiliale und auch der Zentrale von dem lösen mussten, was wir kennen. Innerlich stellen wir eine Bankzentrale nicht infrage. Das führt ja auch zu dieser Verwunderung und zu dieser medialen Aufmerksamkeit, weil: „Das hat es ja noch nie gegeben, denn das kann ja gar nicht sein. Jede Bank hat eine Zentrale." Wie gesagt, bis hin zur Duden-Definition. Gleiches gilt für die Filialen. Bei einer Filiale hat jeder Banker immer das Gleiche im Kopf, Servicebereich, SB-Zone, Wartebereich, das ist eine Bankfiliale. Das war irgendwann einmal supersinnvoll. Heute nicht mehr. Aber es gibt immer etwas zwischen null und eins, weil das Format der Bankfiliale nicht mehr trägt. Und davon bin ich überzeugt – das trägt nicht mehr, definitiv.

Das heißt nicht im Umkehrschluss, dass alle ersatzlos gestrichen werden müssen und alle Bankstandorte damit gleichzeitig obsolet werden. Als Branche fällt es uns wahnsinnig schwer, uns aus dieser Sozialisierung mental zu lösen. Das ist aber tatsächlich eine Voraussetzung, um das Neue denken zu können. Und das ist brutal schwer.

„Als Branche fällt es uns wahnsinnig schwer, uns aus dieser Sozialisierung mental zu lösen. Das ist aber tatsächlich eine Voraussetzung, um das Neue denken zu können. Und das ist brutal schwer."

Frank Kohler

Wenn du auf die nächsten fünf Jahre schaust, was ist denn das nächste, wo du glaubst, dass ihr noch eine Festschreibung habt, an die ihr euch vielleicht noch machen dürft? Was sind die nächsten Schritte, die jetzt für euch noch anstehen?

Wir müssen uns selbst befähigen, diese Vernetzung aktiv zu betreiben. Was für mich ein tiefer Schmerz ist, gerade für eine Genossenschaft, denn wir sind der Ursprung des sozialen Netzwerks. Eine Genossenschaft ist Social Network 1.0. Umso erschreckender, dass es uns – das ist jetzt auch wieder null, eins – aber so wahnsinnig schwerfällt und gefallen ist, in digitale soziale Netzwerke zu kommen. Es ist wieder ein Thema der Sozialisierung, denn wir sind viel zu sehr mental verhaftet in diesem althergebrachten, altehrwürdigen Bild des Bankiers, des Bankers, der Kreditgewährung, etc. Das ist nicht Vernetzung, das ist nicht Augenhöhe. Das ist nicht ein Zugehen auf Menschen tatsächlich auf Augenhöhe mit dem Unterschied, dass ich sage: „Ich habe Know-how in Sachen Finanzen. Ich weiß, du hast wahrscheinlich gar keinen Bock auf Finanzen. Das nervt dich, das belastet dich eher. Ich kann es leichter, ich kann es für dich erträglicher machen und kann dir helfen."

Wir geben den Menschen viel mehr Freiheit, wie sie ihren Tag gestalten, wie sie ihre Arbeit gestalten. Die Kehrseite dieser Freiheitsmedaille ist die Ergebnisverantwortung. Das heißt, der Einzelne hat mehr Möglichkeiten, seinen Tag zu gestalten, wir brauchen aber auch ein stärkeres Commitment zur Übernahme der Verantwortung für die Ergebnisse. Und das in einem sehr regulierten Bereich. Das Unternehmertum in Banken wurde ja über Jahrzehnte dynamisch wegreguliert, aber das bisschen, was noch da ist, sollten wir uns halt erhalten. Und wir müssen uns jetzt befähigen, dieses Netzwerk auch zu leben. Du hast vorhin LinkedIn angesprochen. Mir liegt das persönlich auch erst einmal nicht nahe. Ich muss mich da auch hereinfinden und mich nervt es auch manchmal total. Und soll ich das jetzt oder nicht? Und eigentlich will ich das gar nicht. Aber trotzdem muss man sich ausprobieren und man muss es versuchen.

„Das Unternehmertum in Banken wurde ja über Jahrzehnte dynamisch wegreguliert, aber das bisschen, was noch da ist, sollten wir uns halt erhalten."

Frank Kohler

Das Gleiche gilt für die persönlichen Netzwerke vor Ort, was ich vorhin angesprochen habe. Wenn da jemand in Eisenhüttenstadt lebt und arbeitet und ich diesem Menschen jetzt die Möglichkeit schaffe, auch in Eisenhüttenstadt für die Bank präsent zu sein, dann bin ich aber auch darauf angewiesen, dass dieser Mensch das auch tut. Und das ist etwas anderes, als in eine feste Filialstruktur zu kommen, wo ich weiß: Die öffnet um 8:30 Uhr und schließt um 17:30 Uhr. Das ist ein fixer Rahmen, da kommen welche herein, manche auch nicht. Manche Termine habe ich vereinbart, etc. Erst einmal stehe ich allein in Eisenhüttenstadt, habe ein Ergebnisziel, bin committed und viel liegt an mir, wie ich das erreiche. Das heißt, die Eigenverantwortung, diese Ergebnisse zu erreichen und die Vernetzung auch hier herzustellen, die steigt immens. Und da wäre ich jetzt nicht so weit, dass ich sagen würde, da sind wir auch mental. Das wird eine große Herausforderung sein. Wir schaffen jetzt die Rahmenbedingungen baulicher Art dafür, Standorte, Social-Media-Auftritte etc., aber mental müssen wir da noch den ganzen Weg gehen.

Ja, Frank, es war wundervoll, dir zuzuhören. Ich sage vielen, vielen Dank, dass du uns ein Stück weit in eure Reise mit hereingeholt hast, was euch auf diesem Weg alles begegnet ist und wo du denkst, dass der Weg hingeht. Auch, wie ihr diese inneren Widerstände und Sozialisierungen und Festschreibungen bezogen auf die Bankzentrale gelöst habt und wie ihr weitermacht. Vielen Dank, dass du uns an deinen Erfahrungen partizipieren lässt.

Danke, dass ich dein Gast sein durfte.

 **Tipp:**
QR-Code scannen und Podcastfolge erneut anhören
oder über diesen Link: **https://apple.co/3u8XLPz**

Agile Sparkasse – gelingt das wirklich? – mit Peter Klett

Diese Podcastfolge erschien am 31. Mai 2021.

VORSTELLUNG VON PETER KLETT

Peter Klett ist Vorsitzender des Vorstandes der Weser-Elbe-Sparkasse. Angesichts der sich verändernden Marktsituation verordnete sich die WESPA einem Musterwechsel. Es galt, den Weg hin zur agilen WESPA zu beschreiten. Hierzu wurden Verhaltens- und Vorgehensweisen zukunftsweisend ausgerichtet: Agilität als Betriebssystem zu mehr Kundennähe, Anpassungsfähigkeit und Geschwindigkeit. Dieser Wandel wurde im Jahr 2018 eingeleitet und seither konsequent weiterentwickelt.

ESSENTIALS:

» Die Sparkasse hat Zukunft, jedoch nur, wenn Sie sich grundlegend verändert und agiler wird.

» Für grundlegende Veränderung braucht es eine Anpassung des Musters, um neue Potenziale erschließen zu können.

» Veränderung sollte von innen kommen und nicht vom Vorstand oder von außen verordnet werden.

» Mitarbeiter sind unheimlich motiviert, Veränderung herbeizuführen, wenn ihnen Werkzeuge und Ermächtigung dafür gegeben werden.

» Durch Eigenverantwortung agiler werden heißt, dass jeder Mitarbeiter mehr Entscheidungen selbst trifft.

» Agile Coaches können intern immer wieder Impulse für Agilität setzen, um die Gefahr zu minimieren, in „alte Muster" zu verfallen.

Seit wir uns kennengelernt haben, hat sich für die Sparkasse viel verändert. Wenn Sie an eine zukunftsfähige Sparkasse denken, was sind die Punkte oder Gedanken, wo Sie sagen: „Das zeichnet so eine Sparkasse aus"?

Ja, da kann einem mulmig werden. Einerseits vor dem Hintergrund aktueller Gerichtsurteile, aber auch generell aufgrund der Markt- und Wettbewerbsentwicklung. Gleichwohl bin ich optimistisch. Es ist den Sparkassen und Volksbanken als Regionalbanken schon häufiger das Totenglöcklein geläutet worden und uns gibt es immer noch! Ich bin fest davon überzeugt, Herr Weimann, dass das jedoch kein Selbstgänger ist. Das Buzzword heißt Agilität. Heißt, dass die Sparkassen – das gilt genauso für die Volksbanken im Genossenschaftssektor – zwingend agil werden müssen. Wobei ich unter Agilität die Fähigkeit von Menschen, von Teams und auch von Organisationen verstehe, kundenzentriert und vor allen Dingen schnell und flexibel zu agieren. Die Zukunftsfähigkeit werden wir nicht im Schlafwagen erringen, sondern wir müssen uns massiv verändern, um unsere Zukunft zu sichern. Dann haben wir, glaube ich, auch ganz gute Chancen.

Genau deswegen finde ich das Bild des Schlafwagens so spannend. Wollen Sie uns da mal ein Stück weit reinholen? Wie sind Sie vorgegangen, um mit der WESPA flexibler zu werden und kundenzentrierter zu sein?

Ich hole mal ein ganz klein bisschen aus, weil man nur dann verstehen kann, warum wir uns auf diesen Weg gemacht haben. Wir waren in den letzten zehn Jahren nicht unerfolgreich. Wir haben die klassischen Managementphilosophien, durch die unsere Organisationen auch geprägt worden sind, gemacht. Wir haben massiv Kosten eingespart; wir haben über 200 Vollzeit-Mitarbeiter – wir sind eine der mittelgroßen Sparkassen: rund vier Milliarden Euro groß und haben in den letzten Jahren – auch durch eine Fusion im Jahr 2014 – mehrere Hundert Vollzeitstellen eingespart. Also Kosteneinsparungen, Personal- und Sachkosten, in allen Facetten umgesetzt. Im Bereich Vertrieb: Wir haben jedes Jahr die Vertriebsziele erhöht und auch erreicht. Aber wir merkten, es knirscht. Es knirscht im Gebäude, da dieses klassische „Cost Cutting" und „immer mehr Vertrieb machen" endlich ist.

„Wir brauchten einen Musterwechsel. Also eine Änderung. Eine grundlegende Änderung unserer Verhaltensweise."

Peter Klett

Dann sind wir darauf gekommen, auch inspiriert durch Sie, Herr Weimann: Wir brauchen einen Musterwechsel. Also eine Änderung. Eine grundlegende Änderung unserer Verhaltensweise. Ich benutze gern das Beispiel, das vielleicht der eine oder andere aus der Leichtathletik kennt: Bei den Olympischen Spielen in Mexiko hat man im Hochsprung festgestellt, dass man mit dem klassischen Stil, über die Hürde zu kommen, an die Grenzen stößt. Irgendwann war bei 2,20 m Schluss. Und dann gab es Dick Fosbury, der mit einem Musterwechsel, mit einer völlig anderen Form über diese Latte zu kommen, neue Maßstäbe gesetzt hat. Damit hat er gleichzeitig neue Potenziale, in dem Fall für den Hochsprungsport, entfacht. Und das hat uns eben dazu geführt: Wir müssen grundlegend in unserer Sparkasse, in unseren Verhaltensweisen und auch an der Organisation etwas ändern. Da dachten wir zunächst der Schlüssel wäre Digitalisierung. Wir müssen nur digitaler werden, auch angesichts der GAFA: Google, Amazon, Facebook und Apple. Dann haben wir ehrlicherweise mit Ihnen, Herr Weimann, Kontakt aufgenommen und Sie haben uns ein Stück weit die Augen geöffnet, dass es nicht nur darum geht, als Regionalbank ein bisschen digitaler zu werden und die Kunden auf Online-Banking umzustellen, was die meisten Kunden ohnehin schon waren. Sondern dass es an der grundlegenden Unternehmensverfassung, an der Mentalität und an der Organisation der Menschen in unserem Haus liegt, unsere Verhaltensweisen zu ändern, um überleben zu können. Ich formuliere das jetzt bewusst so drastisch. Es geht um die Überlebensfähigkeit einer 200 Jahre alten Sparkasse!

Dann haben wir festgestellt: Wir brauchen externe Partner, die uns da grundlegend helfen. Da waren Sie dann auch an der Auswahl der Partner maßgeblich beteiligt, Herr Weimann. Wir haben uns für einen Partner entschieden, der nicht die klassische Unternehmensberatung verkörpert. Der nicht wie mit dem Hubschrauber in die Sparkasse eingeflogen kommt, Checklisten verteilt, Arbeitsaufträge verteilt und nach knapp einem Monat dann wieder reinkommt und die Mitarbeiter fragt: „Na, was habt ihr denn gemacht?" Uns ging es darum, in einem sehr grundlegenden Prozess unsere Mitarbeiter mit einzubeziehen und diese zu befähigen, eigenverantwortlich und selbstständig Entwicklungen voranzutreiben und Entscheidungen zu treffen; und eben nicht checklistengesteuert zu fragen, ob man im Bereich Kosten und Einsparungen dieses oder jenes schon gemacht hat oder ob man organisatorisch diese oder jene Abteilung zusammengelegt hat. Das war ein sehr grundlegender Prozess, den wir dann angegangen sind, wobei wir ein sehr starkes Involvement der 750 Mitarbeiter angestrebt haben. Das ist uns offenbar gut gelungen. Jedenfalls ist ein völlig anderer Spirit bei uns im Hause entstanden und es sind konkrete Ergebnisse erzeugt worden. Häufig wird ja an den Menschen gearbeitet und es werden Seminare abgehalten bis zum get no. Uns war aber immer daran gelegen, auch konkrete Ergebnisse zu erzielen – und zwar durch die Mitarbeiter, die da Lust drauf hatten.

Sie sagten, die WESPA vereint 750 Menschen. Sicher geht es den Einzelnen mit den Veränderungen unterschiedlich und sie werden wahrscheinlich auch unterschiedlich reagiert haben. Gibt es da ein paar Highlights oder Beispiele, an die Sie sich besonders erinnern, an denen Sie gemerkt haben: Jetzt verändert sich etwas; jetzt verhalten sich manche MitarbeiterInnen anders. Wie war das für Sie?

Da fallen mir viele Beispiele ein. Aber vielleicht erst mal grundlegend: Wir haben uns dafür entschieden, den Weg mit denjenigen anzufangen, die dihn auch mitgehen. Es ist ein Irrglaube, dass 100 Prozent der Belegschaft sofort begeistert „hier" schreien, wenn wir die Agilität als neues Muster ausrufen. Wir sind nicht wie das klassischerweise üblich ist bei einem Projekt vorgegangen. Ich nenne das immer das Casablanca Syndrom: Da gibt es den Polizeichef im Film Casablanca, der dann irgendwann mal sagt: „Verhaften Sie die üblichen Verdächtigen." Heute ist es so üblich in Sparkassen, dass wenn Projekte anstehen, der Vorstand die üblichen Verdächtigen benennt. Also im Wesentlichen die Führungskräfte, die immer schon Verantwortung übernommen haben und die immer schon Lust hatten, Dinge zu verändern. Wir haben diesmal aber eine Ausschreibung gemacht, die wir ‚Zukunfts-

werkstätten' genannt haben. Im agilen Wortlaut würde man das ,Scrum'
nennen. Wir benannten das ,Zukunftswerkstätten', in denen wir uns mit
Themen wie Mensch, Führung, Steuerung, Innovation, auch Organisationsstruktur, Technologie und Arbeitsumgebung beschäftigt haben. Und wir haben eben ausgeschrieben; wir haben nicht ernannt. Wir haben ausgeschrieben und waren echt im Zweifel, ob es da wohl genügend Interessenten gibt.
Die Zweifel waren unbegründet. Wir hatten 80 Plätze in den Zukunftswerkstätten und doppelt so viele Bewerbungen von Mitarbeitern bei uns im Hause, völlig unabhängig von der Hierarchiestufe, ob Markt oder Marktfolge.
Bewerbungen von Menschen, die Bock drauf hatten, etwas zu verändern
und die sich dann mit Feuereifer da drangesetzt haben. Außerdem sind die
Ergebnisse nicht vom Vorstand vorgegeben worden, was häufig so der Fall
ist: Der Vorstand hat wohl eine geheime Agenda und er nutzt diese agilen
Methoden nur als Feigenblatt, um genau das durchzusetzen, was er immer
schon durchsetzen wollte. Das war bei uns genau anders. Wir hatten Schul-
terblicke, bei denen uns als Vorstand in Kreativwerkstätten die Arbeitsergebnisse aus den Zukunftswerkstätten präsentiert worden sind und da
kamen überraschende Ergebnisse. Ich nenne mal zwei Beispiele:

Da kam ausgerechnet der Leiter der Marktfolge Kredit mit dem Vorschlag:
Wir haben hier so eine wunderbare Konditionen-Tabelle. Die ging über mehrere DIN A3 Seiten, in der wir Sonderkonditionskompetenzen im Kreditgeschäft wie Sicherheiten, Freigaben, Verzicht auf Vorfälligkeitsentgelte etc.
schön hierarchisch vom Direktor über Seniorberater bis zum Sachbearbeiter
durchdekliniert hatten. Es gab dann auch ein Controlling darauf mit einer
eigenen Software, mit der dann per Workflow gesteuert war, dass die Sonderkonditionen auch ja kompetenzgerecht genehmigt worden waren. Und
unser Leiter Marktfolge Kredit kam auf die Idee, das alles abzuschaffen. Und
er hatte da gute Gründe dafür. Im Prinzip sind viele dieser Sonderkondi-
tionsanträge einfach nur bewilligt worden. Es sind ja auch keine dummen
Mitarbeiter. Wir haben sie bloß in einen Workflow-Prozess reingezwängt
und in einen Misstrauensprozess, weil sie ja nicht selbst entscheiden durften, sondern das dann immer über die höhere Hierarchieebene entschieden
werden musste. Wir haben das abgeschafft. Drei Seiten feingliedrige Sonderkonditions-Tabellen abgeschafft. Wir haben dann nach einem halben Jahr
und auch noch mal nach einem Jahr interessehalber geguckt, ob Schindluder

von den Mitarbeitern betrieben worden ist und einem Kunden Sonderkonditionen ausufernd gewährt worden sind und wir betriebswirtschaftlich vor die Hunde gehen. Das Gegenteil war der Fall. Es sind in Wahrheit weniger Sonderkonditionen gemacht worden als vorher und dafür mehr Geschäft, weil es einfach schneller und einfacher war. Man konnte den Kunden direkt etwas sagen. Man musste nicht sagen: „Ich muss erst mal einen Vorgesetzten fragen." Es hat sich hier also das Vertrauen in betriebswirtschaftlich gut ausgebildete Mitarbeiter und in deren Eigenverantwortung bewährt.

„Wir haben drei Seiten feingliedrige Sonderkonditions-Tabellen abgeschafft. [...] Es sind weniger Sonderkonditionen gemacht worden als vorher und dafür mehr Geschäft, weil es einfach schneller und einfacher war."

Peter Klett

Das zweite Beispiel aus einem anderen Bereich hat uns auch überraschend getroffen als Vorstand. Im Schulterblick kam der Vorschlag: Um das Miteinander und die Zusammenarbeit in der Sparkasse zu stärken, sollten sich alle duzen bei uns, vom Azubi bis zum Vorstand. Seit einiger Zeit sind wir schon etwas fortschrittlicher unterwegs und haben, ich glaube im Jahr 2016, das Thema Bekleidungsvorschrift liberalisiert. Wir sind jetzt Casual. Also in Krawatte läuft hier bei uns keiner mehr rum. Das finden übrigens auch die Kunden toll, weil wir keine Distanz mehr zum Kunden aufbauen. Dann haben wir uns das als Vorstand spontan im Schulterblick angeguckt und gesagt: „Mensch, das ‚Du' ist mehr als ein Symbol." Man kann natürlich sagen: „Ja jetzt duzen sich da alle. Ist toll, aber was haben die denn damit bewegt?" Das ‚Du' ist in Wahrheit mehr als ein Symbol, weil die Form der Zusammenarbeit sich deutlich verändert. Früher habe ich vielleicht in Gesprächen mit Mitarbeitern auch gern mal um den heißen Brei herumgeredet. Wenn z. B. was nicht so gut war, habe ich das verkleidet und verklausuliert ausgedrückt. Nun fällt es mir viel leichter, nachdem ich den Mitarbeiter duze, ihm zu sagen: „Das war jetzt nicht so das Gelbe vom Ei, mach noch mal neu und mach so." Das hat aber auch das gesamte Klima der Zusammenarbeit – wie gesagt: vom Azubi und Hausmeister bis zum Vorstand – deutlich verändert. Bilde ich mir zumindest ein. Und das war eine Initiative, die kam von den Mitarbeitern und war nicht irgendwie vorgegeben von einem Unternehmensberater oder einem Vorstand.

Ich finde sehr beeindruckend, dass Sie sagen, von den 750 Menschen haben sich rund 160 auf die Ausschreibung der Zukunftswerkstätten beworben. Rund 20 Prozent der Belegschaft haben sich sofort bereit erklärt und gesagt: „Ja, wir haben Lust drauf, Teil der Zukunftswerkstätten zu sein und mitzugestalten." Das ist, finde ich, eine sehr beeindruckende Zahl, die zeigt, dass die Menschen, wenn sie integriert werden, auch Lust haben, sich einzubringen, um das Unternehmen weiterzuentwickeln.

Ja, so ist es. Ohne große Worte: Sie haben Recht.

Ich fand auch diese Du-Form spannend. Gab es da Menschen, die gesagt haben: „Tolle Idee mit dem ‚Du', ich würde aber lieber beim Sie bleiben", oder gilt es jetzt einfach für alle?

Ja, das war ein wichtiger Punkt. Nachdem wir uns sehr schnell einig waren, dass wir das gut finden mit dem ‚Du', haben wir mit den Mitarbeitern in den Zukunftswerkstätten darüber gesprochen, wie wir das einführen wollen. Und ich habe mich da nicht hingestellt auf einer großen Personalversammlung und dann dort vom Podium aus verkündet: „Übrigens: Ab morgen duzen wir uns alle." Sondern wir haben das dann in den Teams und für die Mitarbeiter als Angebot gemacht. Es gab also kein Zwangs-Duzen. Wir haben es angeboten und ich kann mich in meinem Unternehmen vielleicht an zwei oder drei Mitarbeiter erinnern, die dann gesagt haben: „Ach nee, jetzt bin ich schon so dicht vor meinem Ruhestand und der Respekt gegenüber dem Vorstand würde es mir verbieten, Sie zu duzen." Wir haben das berücksichtigt und beachtet. Wir haben gesagt, dass das akzeptiert wird. Ich habe gerade wieder Glückwunschbriefe zum Geburtstag und zum Jubiläum unterschrieben und in diesen Briefen, die ich gerade eben vor einigen Minuten unterschrieben habe, gab es keinen einzigen, den wir gesiezt haben. Wenn das einer möchte, dann werden wir das auch beachten. Der wird auch nicht irgendwie diskriminiert, sondern wir akzeptieren das. Aber: Es gibt kaum welche.

Die Sprache wird mit dem ‚Du' direkter, sagten Sie. Sie können eben manche Dinge vielleicht auch klarer adressieren in Form des Dus. Dieses Verbindende im Unternehmen, das klingt im ersten Moment nach einer kleinen Maßnahme, aber sie hat große Wirkung bei Ihnen entfaltet. So verstehe ich Sie.

Ja, ich weiß, dass es auch viele Skeptiker gibt. Ich denke aber, genauso wie mit dem „Business oder Casual"-Beispiel, ist es ein gewisser Trend der Zeit und man muss von überholten Umgangsformen Abstand nehmen. Auch Corona hat massiven Einfluss auf unsere Umgangsformen, wenn auch vielleicht in einem etwas anderem Sinne. Wir geben uns z. B. nicht mehr die Hand durch das Social Distancing. Ich nehme das auch als Beispiel, dass man sich eben durchaus trauen kann und den Mut haben kann, auch Dinge, die jahrzehntelang so gehandhabt worden sind, mal anders zu machen.

"Man kann den Mut haben, auch Dinge, die jahrzehntelang so gehandhabt worden sind, mal anders zu machen."

Peter Klett

Wenn Sie zurückblicken auf den Weg, den Sie mit der WESPA gegangen sind, gibt es retroperspektiv Elemente, wo Sie sagen: Das haben wir unterschätzt und vielleicht auch manches überschätzt an Reaktionen oder Maßnahmen?

Wir sind auf dem Weg und wir sind noch lange nicht am Ziel. Wir haben auch immer wieder betont, dass das hier kein Projekt ist, bei dem wir irgendwann mal einen Startpunkt haben und dann irgendwann einen Projektabschluss mit einem wunderbaren Projektabschlussbericht. Das ist ein ständiger Prozess und es gibt auch Rückschläge auf diesem Weg. Möglicherweise auch durch Corona begünstigt, weswegen wir hier die Menschen ganz besonders dazu ermutigen, eigene Entscheidungen zu treffen. Wir haben das Ziel auch schriftlich ausgegeben. Wir möchten, dass Entscheidungen zu 99 Prozent vom Mitarbeiter getroffen werden und nur zu einem Prozent vom Team oder von der höher gestellten Führungskraft. Dabei stellen wir fest, dass die Ermächtigung der Mitarbeiter und die Lust, selbst Entscheidungen zu treffen, natürlich immer wieder neu entwickelt werden müssen und auch Rückschlägen unterliegen. Gerade in Corona-Zeiten ist dann häufiger bei uns im Vorstand diskutiert worden: „Vorstand, du musst das doch jetzt mal vorgeben, wie wir das jetzt hier machen mit Geschäftsstellen-Öffnungen, mit Vereinzelung, mit Abstandswahrung, etc." Es ist ein langwieriger Prozess, den Mitarbeitern das Vertrauen zu geben. Das hat auch viel mit Fehlerkultur zu tun, dass wenn man mal Fehler gemacht hat, sagt: „Okay, dann machen wir es nächstes Mal anders.", ohne dass man nun langatmig nach den Schuldigen sucht oder sie versucht zu belangen.

„Wir möchten, dass Entscheidungen zu 99 Prozent vom Mitarbeiter getroffen werden und nur zu einem Prozent vom Team oder von der höher gestellten Führungskraft."

Peter Klett

In diesem Prozess sind wir noch lange nicht am Ende. Aber ich bin zutiefst davon überzeugt, dass es richtig war, anzufangen. Konkrete Arbeitsergebnisse sprechen auch dafür, dass wir es geschafft haben, am Markt wichtige neue Projekte bzw. Veränderungen vorzunehmen. Anders als vorher brauchen wir jetzt auch gar keine Unternehmensberatungen mehr. Zum Beispiel unser digitales Beratungs-Center, das wir norddeutsch die „WESPA to Huus" nennen; eine umfassende multimediale Beratung über Video: Das alles ist bei uns durch die Teams umgesetzt worden, ohne dass ein Unternehmensberater hier die Schwelle unseres Hauses überschritten hat.

Das finde ich großartig. Ich bin der festen Überzeugung, dass auch Unternehmensberater sich wandeln dürfen, nicht nur die Sparkassen selbst. Und dass es genau darum geht, dass ein externer Impuls, der an manchen Stellen auf jeden Fall sinnvoll sein kann, ein Impuls bleiben muss. Kein Dauerimpuls. Deswegen sprechen Sie mir da aus dem Herzen. Ich finde, das ist ein super Beispiel dafür, dass es Ihnen gelungen ist, die Menschen wirklich zu gewinnen und das Ganze auch weiter zu gestalten.

Wir versuchen das jetzt auch weiterhin zu verstetigen, weil immer die Neigung besteht, in alte Verhaltensmuster zurückzufallen. Deswegen haben wir fünf Agile Coaches, die wir sehr intensiv haben ausbilden lassen, um diesen Weg zu verstetigen. Die gehen ran, rein in die Teams, ran an die Führungskräfte, um eben immer wieder den Weg der Agilität, den Weg mit mehr Mut und mit mehr Eigenverantwortung zu gehen. Von allein passiert das nicht. Deswegen haben wir uns dafür entschieden, über diese Agile Coaches dieses ständig neu zu penetrieren und zu befruchten.

Das hält es dann immer am Laufen. Die sind dann sozusagen ihre Unternehmensberater, die letzten Endes aus dem Team, aus dem Teil der WESPA, dann für die WESPA agieren. So verstehe ich es richtig, oder?

Genau so. Das ist auch deren Aufgabenbeschreibung. Das haben wir auch ausgeschrieben, die haben wir nicht ernannt. Das sind auch nicht nur junge Leute, was mir häufig nachgesagt wurde: „Na ja, du beschäftigst dich nur mit deinen jungen Leuten." Nein, das ist ein bunter Querschnitt durch die Sparkasse. Wichtig ist, dass diese Lust haben. Lust daran, auch Teams und Führungskräfte, bei denen sie hierarchisch vielleicht bei Weitem noch nicht angesiedelt sind, zu coachen und zu enablen, agil zu bleiben, wie es so neudeutsch heißt.

99 Prozent der Entscheidungen sollen die Mitarbeiter selbst treffen; nur ein Prozent das Team oder übergeordnete Führungskräfte und -ebenen. Wo würden Sie sagen, stehen Sie da aktuell?

Ja, das ist schwierig zu messen, Herr Weimann. Wir verzichten darauf, ein Instrumentarium einzusetzen, um zu messen, dass ein Mitarbeiter pro Tag 31 Entscheidungen trifft und die Führungskraft 3.

Wir sind sicherlich nicht bei 99 Prozent. Es ist ein plakatives Beispiel, das wir gerade vor kurzem auch noch einmal über die gesamte Belegschaft ausgesendet haben. Das soll unser Ziel sein. Wenn wir uns in Richtung dieses Ziels bewegen, bin ich schon zufrieden. Ich muss das nicht schriftlich nachgewiesen haben durch ein Controlling oder einen Erfolgsbericht, wie viel Prozent der Entscheidungen durch die einzelnen Mitarbeiter getroffen werden. Eines will ich bewusst erwähnen, weil häufig auch von Unternehmen behauptet wird, dass nur das Team das Seligmachende sei: Ich glaube an die Kraft der Teams, ja. Aber die Gefahr ist natürlich, dass jede Entscheidung, die drückt, an das Team delegiert wird. Wenn eine Entscheidung, die zum Beispiel in der Geschäftsstelle getroffen wird, über Aktionen, die man fährt, oder über Arbeitsteilung, an das Team delegiert wird, dann scheue ich mich vor Verantwortung. Eine derartige Rückdelegation ist genau das, was wir nicht wollen, auch wenn die Teams durchaus Entscheidungen treffen sollen. Aufgrund dessen haben wir das plakative Ziel ausgegeben. Der einzelne Mitarbeiter soll 99 Prozent der Alltagsentscheidungen treffen und nicht alles an den Vorstand oder das Team zurückdeligieren.

Was würden Sie sagen, wie geht es denn bei Ihnen jetzt weiter? Wie wollen Sie diesen Weg weiter begleiten? Und gibt es etwas, was Sie Menschen, die vielleicht noch nicht diesen Weg gehen, die kurz vor diesem Weg oder aber vielleicht auch noch unterwegs sind, raten würden zu starten?

Ich hatte schon gesagt, Herr Weimann, wir sind noch lange nicht am Ziel. Deswegen auch die Agile Coaches. Wir müssen sicherlich auch Konsequenzkultur zeigen. Die Mitarbeiter, die aus welchen Gründen auch immer diesen Weg nicht mitgehen wollen oder können, müssen entweder andere Aufgaben bei uns im Hause übernehmen oder generell sich eine andere Aufgabe suchen. Das haben wir im Übrigen in der Vergangenheit auch schon an etlichen Stellen angebracht. Das sind nicht immer angenehme Gespräche, aber das ist dann auch eine Form von Konsequenzkultur. In Harmonie lässt sich nicht alles regeln. Wenn Sie mich nach Empfehlungen fragen: Wir haben bewusst in unserem Projekt in den Zukunftswerkstätten nicht mit dem Thema Organisationsstruktur begonnen. Das höre ich häufig von anderen Unternehmen. Da wird dann zu Beginn die Netzwerk-Architektur ausgerufen: Abschaffung aller Führungsebenen! Wir haben uns bewusst dagegen entschieden. Wir hätten im Übrigen damit wahrscheinlich schon an die 100 Führungskräfte unseres Hauses am Anfang des Weges zur Agilität verloren, wenn die erste zentrale Botschaft gewesen wäre: „Agilität heißt für uns: Wir haben keine Hierarchieebenen mehr und wir brauchen keine Führungskräfte mehr." Im Gegenteil. Wir haben in Leitgedanken, auf die wir uns vorher im Vorstand committed haben, gesagt: „Es gibt auch künftig Führungsaufgaben; und Mitarbeiter wie auch formelle Führungskräfte können diese Führungsaufgaben wahrnehmen." Wir haben bewusst nicht gesagt: „Führung ist eine Aufgabe ohne Hierarchiestufe", sondern wir haben gesagt: „Führung und auch Führungsaufgaben gibt es weiterhin." Und die können eben verschiedene Mitarbeiter in verschiedenen Rollen wahrnehmen. Das habe ich auch einem Thesenpapier von Ihnen entnommen, dass man natürlich am Menschen arbeitet, aber die Organisationsstruktur dabei nicht vernachlässigen darf.

Wir haben uns dann in einer späteren Projektphase in der Zukunftswerkstatt mit der Organisationsstruktur sehr grundlegend beschäftigt. Und tatsächlich ist aus diesem Projekt heraus dann entstanden, dass wir eine Führungsebene, die erste Führungsebene unseres Hauses, wegfallen lassen. Das ist ein Prozess, der mitten im Laufen bzw. überwiegend schon abgeschlossen ist. Nicht in dem Sinne, dass wir die Führungskräfte entlassen, sondern die Führungskräfte treten dann in das Glied mit den Spezialaufgaben oder koordinierenden Aufgaben. Wir haben das klar definiert, auch offen und deutlich gegenüber unseren Mitarbeiterinnen und Mitarbeitern kommuniziert, dass es nicht mehr um ein Übereinander geht, sondern um ein Nebeneinander. Die bisherigen Führungskräfte treten eben neben die Kolleginnen und Kollegen im Team. Dass wir das nicht zu Beginn des Projektes gemacht haben, sondern in einer späteren Projektphase, würde ich jetzt eher als empfehlenswert bezeichnen. Anstatt zu Beginn den großen Big Bang zu verkünden und danach erst mal, ich sage es mal so deutlich, heillose Verwirrung zu stiften.

Nachvollziehbar. Kann ich gut verstehen, so wie Sie es sagen und wie Sie es aufbauen. Es ist ein permanenter Prozess der kontinuierlichen Verbesserung, da die Rahmenbedingungen sich laufend verändern, ebenso wie die Kundenerwartungen. Diese Schnelligkeit und Flexibilität, die Sie ganz zu Anfang genannt haben, das ist sozusagen der Leitstern für diesen Weg. Danke, Herr Klett, dass Sie so offen sind und so viele Details geteilt haben über die Dinge, die Sie in Bremerhaven umgesetzt haben bzw. bei denen Sie noch mittendrin stecken in der Umsetzung. Ich bin mir sicher, dass viele von unserem Gespräch ganz, ganz viel mitnehmen und partizipieren können.

Sehr gerne, Herr Weimann. Hat mir Spaß gemacht!

 **Tipp:**
QR-Code scannen und Podcastfolge erneut anhören oder über diesen Link: https://apple.co/3Fii5TP

Customer Centricity bei der Zurich Versicherung – mit Monika Schulze

Diese Podcastfolge erschien am 04. Juli 2022.

VORSTELLUNG VON MONIKA SCHULZE

Monika Schulze ist Head of Customer and Innovation Management bei der Zurich Gruppe Deutschland und Teil des Executive Teams. In ihrer Funktion kümmert sie sich um ihre Herzensangelegenheit, das Thema der Kundenzentrierung. Sie verantwortet das neue Zurich „Customer Office", das sich auf die Themen Kundenzufriedenheit, Kundenanalyse, Kundenerhalt sowie Innovationen fokussiert. Bevor Monika 2008 zur Zurich Versicherung wechselte, hatte sie für Unilever Führungspositionen in verschiedenen Ländern inne und war auf globaler Ebene tätig.

ESSENTIALS:

» Datenevidenz erleichtert Transformationsprozesse, da nicht mehr nur über Meinungen diskutiert wird.

» Zufriedene Kunden bleiben länger und kaufen mehr – der Beweis wurde erbracht.

» Es ist wichtig, alle relevanten Stakeholder einzubinden – vom Makler bis zum CEO.

» Echter Kundenkontakt auf allen Ebenen sensibilisiert für Bedürfnisse und regt Ideen für neue Produkte an.

» Customer Centricity ist ein „ongoing Project" – da sich Kundenbedürfnisse ständig verändern, ist man nie am Ziel.

Du hast mich bereits mit einer Unterhaltung über das Thema Customer Centricity so inspiriert, dass ich gesagt habe: „Monika, ich will dich in dem Podcast haben." Von daher: Monika, wenn wir auf Customer Centricity schauen, was bedeutet denn das für euch in der Zurich Versicherung?

Wenn du insgesamt einmal auf die Branche schaust, ist es so, dass wir die Kundenbeziehungen historisch immer ein bisschen wegdelegiert haben. Das heißt, wir haben gesagt: „Wir haben Agenten und wir haben Makler und dann haben wir auch vielleicht noch Partner und der Kunde wird von diesen betreut." Wir haben eigentlich immer so gesagt: „Na ja, der Kunde ist nicht so wichtig für uns, die Vermittler haben das schon im Griff." Durch die digitale Transformation, wie es so schön heißt, ist natürlich irgendwann der Punkt gekommen, wo wir gesagt haben: „Nein, so einfach ist das nicht." Das ist Nummer eins. Nummer zwei ist, dass es natürlich auch immer mehr Analysen gibt, die zeigen: Je mehr ich mich auf den Kunden konzentriere, das heißt, weiß, was er will, Produkte zur Verfügung stelle, die er wirklich gebrauchen kann, desto besser ist der Geschäftserfolg. Das kommt jetzt immer mehr auf den Tisch, sodass das Thema nicht einfach nur wegdelegiert werden kann, sondern wirklich auch businessrelevant ist. Wir sagen: Wenn wir in der Zukunft erfolgreich aufgestellt sein wollen, müssen wir uns mehr auf den Kunden konzentrieren.

Jetzt habt ihr euch diese Fragen gestellt und was habt ihr danach gemacht? Fangen wir mit der Kundendomäne an; du hattest gesagt, es ist wichtig, zu verstehen, was den Kunden bewegt. Was waren da so Erkenntnisse, die ihr gewonnen habt?

Bevor ich die Frage beantworte, auch noch einmal ganz wichtig: Ich glaube nicht, dass es jetzt darum geht, das Verhältnis wieder zurückzuziehen, zu sagen: „Der Kunde gehört mir." Denn diese ganze Diskussion mit den Agenten ist natürlich so, dass wir mit ihnen zusammenarbeiten wollen. Es kommen jetzt Diskussionen auf wie: „Oh, der Kunde gehört euch, aber nein, der Kunde gehört uns", und ich glaube, das ist die verkehrte Art und Weise, darauf zu schauen, sondern wir müssen sagen: „Wir gemeinsam wollen dem Kunden einen besseren Service, bessere Produkte bieten." Ich glaube, das ist der Trick bei dem Ganzen. In der Branche, nicht nur bei der Zurich, war immer dieses riesige: „Oh, jetzt müssen wir immer den Agenten den Kunden wegnehmen und wieder zurückdelegieren." Aber das ist nicht der Punkt. Der Punkt ist, wirklich zu sagen: „Wie machen wir das gemeinsam?" Das ist, glaube ich, schon einmal die Grundvoraussetzung.

Dann bin ich natürlich ein absoluter Fan davon, Daten einzusetzen. Man kann sehr viele philosophische Diskussionen führen, aber im Endeffekt geht es ja darum, dass ich sage, ich habe Daten, auf die ich mich dann berufen kann. Sodass ich sagen kann, wir haben eine gemeinsame Basis, wir haben einen gemeinsamen Ausgangspunkt, wir reden alle über das Gleiche und nicht nur über Meinungen. Wir haben uns bei der Zurich Versicherung schon vor ein paar Jahren, also 2018, darauf konzentriert, dass wir gesagt haben: NPS, also genauer gesagt tNPS, ist unsere Währung. Diese Währung gilt nicht nur in Deutschland, sondern global, sodass wir das gleiche System haben und die gleiche Sprache sprechen. Das haben wir benutzt, um zu sagen: Die wichtigsten Touchpoints müssen abgedeckt werden. Da fragen wir die Kunden, wie zufrieden sie mit unserem Service oder den Produkten waren und können dann sagen, es war gut oder schlecht, und können darauf reagieren. Das ist ein sehr guter Ausgangspunkt, um zu sagen: Was ist unsere Datenlage, was ist unsere gemeinsame Sprache, was ist die Basis, von der aus wir loslegen können?

Da sieht man – und das ist entscheidend, was dein Wirken prägt –, dass du Daten als Grundlage siehst und auch wie lange schon – eben seit 2018. Jetzt bin ich ganz neugierig, was die Erkenntnisse daraus waren, wenn ihr euch dann den Datenschatz angesehen habt.

Wir haben NPS, den tNPS, schon früher erhoben. Was wir aber dann gemacht haben, ist, dass wir das Incentive-System mit hineingenommen haben. Das heißt, wir haben das Ganze nach oben gebaut im Sinne von: Wie wichtig ist das Thema uns eigentlich? Ich habe das ehrlich gesagt am Anfang ein bisschen unterschätzt, weil ich gedacht habe: „Na ja, das muss ja jeder intellektuell verstehen." Aber eines steht fest: Sobald man irgendetwas im Incentive-System drin hat, fangen die Leute an, neugierig zu werden, nachzufragen und sich mit dem System zu beschäftigen. Wenn man sich die Daten anschaut, die wir über die Zeit erhoben haben, konnten wir Folgendes feststellen: Wenn wir einen höheren NPS haben, bleiben die Kunden länger, kaufen auch andere Dinge bei uns und haben eine höhere Produktdichte. So kommen wir weg vom permanenten Fokus auf ‚Wir brauchen den niedrigsten Preis‘. Weil schon klar ist, dass die Leute sich auch durch Service angesprochen fühlen und dadurch auch mehr bezahlen können.

„Wenn wir einen höheren NPS haben, bleiben die Kunden länger, kaufen auch andere Dinge bei uns und haben eine höhere Produktdichte.“

Monika Schulze

Das ist etwas, was natürlich für uns extrem wichtig ist. Das war auch ein Riesenschritt bei uns im Unternehmen. Denn am Anfang war es so, dass eine Hürde da war, zu sagen: Wie hängt das denn jetzt mit dem Business zusammen? Historisch haben wir immer gesagt: Wir delegieren das an die Vertriebswege. Da haben wir gesagt: Wir müssen nächstes Jahr Umsatz X erreichen. Dann haben wir den Umsatz auf die Vertriebswege verteilt und dann musste jeder Vertriebsweg bestimmte Zahlen erreichen. Jetzt haben wir das herumgedreht und haben gesagt: Wir haben eine bestimmte Kundenbasis. Diese Kundenbasis wollen wir um X erhöhen. Es ist auch so, dass wir nicht nur die Kundenbasis erhöhen wollen, sondern auch die Produktdichte pro Kunde. Das kann ich korrelieren auch mit NPS-Zahlen, weil schon klar ist: Je zufriedener die Kunden sind, desto mehr kaufen sie natürlich, desto länger bleiben sie. Das war auch ein Riesenschritt nach vorne in der Company, zu sagen: Wie bekomme ich das hin, dass überhaupt einmal das Bewusstsein da ist, dass Kundendaten oder Kundenzufriedenheit auch mit Businesserfolg einhergeht?

Ich finde es schön, wie ihr diese Brücke geschlagen habt, zu sagen: Wir wollen auf der einen Seite die Kundenbasis erhöhen, aber auf der anderen Seite auch die Produktanzahl erhöhen, weil wir eben nicht nur daran glauben, dass guter Service sich in Ergebnissen niederschlägt, sondern es eben auch anhand der Datenlage zeigen können. Jetzt hast du vorher gesagt, in deinem Verständnis und deiner Erfahrung ist dieses Gemeinsame wichtig, also ‚wir gemeinsam' bezogen auf Vermittler, letzten Endes den Konzern. Wie seid ihr das angegangen, um dann gemeinsam noch stärker am Kunden wirken zu können?

Das Gute ist, dass wir in der Zurich Versicherung etwas haben – und ich glaube, auch in den anderen Organisationen gibt es so etwas –, das nennt sich IVZ, also Interessenvereinigung der Zurich-Agenten. Das ist wie eine Vorstandsgemeinschaft, die sich um die Interessen der Vertreter kümmert. Mit dieser Gruppe haben wir uns zusammengesetzt und haben gesagt: „Das haben wir vor. Was haltet ihr davon? Wie gehen wir am besten gemeinsam damit um?" Sie an Bord zu bekommen, ist das Allerwichtigste, denn ohne den IVZ bekommen wir das nicht über die Bühne. Für sie ist auch wichtig zu wissen: Was ist in deren Köpfen, was ist für sie wichtig im Sinne von Fokus und wie bekomme ich das gemeinsam mit dem Agentenkanal hin? Denn eines steht fest, bei allem digitalen Business, was wir heute vielleicht schon haben: Die Agenten spielen immer noch eine große Rolle in der Versicherungsbranche und auch die Makler. Deshalb ist es wichtig, dass wir das gemeinsam machen und das ist auch im Interesse der Kunden, weil die Kunden auch sagen: „In einigen Fällen brauche ich immer noch jemanden, der mir hilft, in anderen Fällen bekomme ich das alleine hin." Insofern muss ich auch schauen, dass ich das im Interesse der Kunden zusammenbaue und keine Fronten aufbaue.

„Die Agenten spielen immer noch eine große Rolle in der Versicherungsbranche und auch die Makler. Deshalb ist es wichtig, dass wir das gemeinsam machen und das ist auch im Interesse der Kunden."

Monika Schulze

Habt ihr auch an Strukturen, Abläufen etwas verändert oder wie habt ihr dann diesen neuen, ich nenne es einmal Management-Habitus auch im Unternehmen integriert, bezogen auf das Kundenfeedback beispielsweise oder auch die Kooperation, Zusammenarbeit?

Das Kundenfeedback wird auch mit den Agenten geteilt, das heißt, sie bekommen auch die Informationen beziehungsweise machen wir zum Teil auch Befragungen an den Agenten-Touchpoints. Das heißt, sie sind natürlich auch daran interessiert zu wissen: Wie zufrieden sind meine Kunden mit mir, was kann ich verbessern, was ist schon gut? Das ist das eine. Das andere ist, dass wir jetzt gemeinsam mit den Agenten auch Dashboards aufbauen, wo wir sagen, da sind alle Kundenzahlen drin, also Kundenanzahl, Produktdichte, Alter, also alle möglichen Daten, wo die Agenten dann auch sagen können: „Damit kann ich arbeiten, damit gehe ich gut um." Jetzt hat man ja immer noch so im Kopf: „So viele Kunden können die Agenten ja gar nicht haben und deshalb haben sie das schon so im Blut und im Gefühl." Ja, haben sie auch immer noch. Sie haben ein sehr gutes Gefühl für ihre Kunden.

Aber dadurch, dass natürlich jetzt auch die Agenturen immer größer werden und sich zum Teil auch Kollegen zusammentun, haben sie jetzt auch eine Datenbasis, die man nicht einfach einmal so per Schreibtisch allein managen kann. Ich sage es jetzt einmal ein bisschen simplifizierend. Es muss wirklich so sein, dass sie auch sehr systematisch mit den Daten umgehen, die analysieren und anhand der Analyse dann auch beweisen können, dass sie, wenn sie mit den Daten besser umgehen, auch erfolgreicher sind. Da haben wir einige Piloten gemacht, wo wir beweisen können: Wenn die ein Augenmerk auf bestimmte Zahlen legen – und wir haben zum Beispiel auch einen Kundenwert mit ihnen zusammen entwickelt –, dann sind sie erfolgreicher.

Das heißt, das ist nicht nur die Datentransparenz, die ihr geschaffen habt, bezogen auf „Lerne deinen Kunden besser kennen", nenne ich es jetzt einmal sehr simpel, bezogen auf das Dashboard für die Vermittler. Gleichzeitig habt ihr ebenfalls integriert, welche Ableitung sich ergibt für den Betreuungsprozess für die Kunden oder die Betreuungsstrategie auch vom Vorgehen her. Habe ich das richtig verstanden?

Genau. Da sind die Agenten auch so, dass sie sagen: „Ja, lass uns einmal schauen: Was können wir denn noch lernen? Was können wir auch von Kollegen lernen?" Wir sehen uns auch Best Practice Cases an. Wie macht ihr das? Was gibt es von der ‚Zentrale' für Tipps? Wie können wir insgesamt besser werden und was sind so die Hebel, damit die Kunden a) zufrieden sind und b) natürlich auch mehr kaufen?

Was waren da eure Erfahrungen? Ihr habt das erst einmal pilotiert, mit verschiedenen ausgewählten Vermittlern, und es dann auf alle anderen ausgerollt, habe ich das richtig verstanden?

Genau. Das machen wir auch immer noch so, wir sind ja noch nicht am Ende, es ist jetzt nicht so, dass wir alles schon perfekt haben. Aber im Prinzip ist das, das Vorgehen. Ich nehme jetzt einmal den Kundenwert als Beispiel: Wir haben einen Kundenwert entwickelt, haben das mit verschiedenen Agenten ausgetestet, haben dann herausgefunden, ob das funktioniert. Es hat Gott sei Dank funktioniert und wir haben es dann ausgerollt und in die ganzen Systeme hineingenommen, wie Preissteigerung, neue Produktentwicklung. Das heißt, diese ganzen „Insights" und Analysen sind auch genutzt worden innerhalb des Konzerns und bei den Agenten selbst auch.

Und dieser Kundenwert? Ist das so etwas wie Customer Lifetime Value oder was ist der Kundenwert?

Genau. Das ist so, dass man einmal rückblickend betrachtet, was die Kunden bis jetzt schon gekauft und gemacht haben, und dann aber auch perspektivisch schaut, was in Zukunft passiert. Da hat man eine Zukunftskomponente auch mit drin.

Wenn du auf die Erfahrungen blickst, die du gemacht hast in diesem Prozess von zunächst Datenevidenz, dann Dashboard, dann Integration in den Betreuungsprozess und in die Betreuungsstrategie. Was waren da für dich Key Learnings, wo du sagst, das ist sicherlich auch für die Hörerinnen und Hörer spannend, so ein Stück weit ein Blick hinter die Kulissen, was ihr da erfahren habt?

Tendenziell haben wir ja in der Zentrale in Deutschland, aber auch in Zürich selbst in unserem Headquarter viele Leute, die mit dem Kunden nie etwas zu tun haben. Ich hatte auch nicht so viel mit Kunden zu tun. Ich nehme es auch auf mich selbst, zu sagen: „Pass auf, du musst wieder an die Kunden heran und verstehen, was sie eigentlich wollen und nicht einfach nur eine Marktforschung lesen, sondern mit ihnen reden." Das war für mich ein Riesenerlebnis und eine Riesenerkenntnis. Was wir gemacht haben, ist, dass wir gesagt haben: Alle, vor allen Dingen im Management, müssen sogenannte Closing the Loop Calls führen. Das heißt, wenn jemand nicht so einen guten Wert gegeben hat vor allen Dingen, aber auch bei guten Werten, mussten wir die Kunden anrufen und dann nachfragen und sagen: „Gib doch einmal Feedback, was wir besser machen können."

Das hört sich so simpel an, aber wir mussten da wirklich Schulungen durchführen, wie wir diese Calls am besten führen. Ich gestehe, dass viele von uns und ich auch erst einmal am Anfang Hemmungen hatten, weil wir gedacht haben: „Um Gottes Willen, jetzt müssen wir mit dem Kunden reden, und wenn der nicht happy war, wie mache ich denn das Ganze? Dann kenne ich mich nicht mit allen Versicherungsdetails aus, ich kann jetzt nicht bei Sach- und Lebensversicherung alles im Detail kennen." Alle hatten Hemmungen mit den Kunden zu reden. Dann haben wir ein System entwickelt und gesagt: „Nein, ihr müsst jetzt auch nicht alle Antworten wissen, aber hört euch einmal an, was der Kunde will. Dann kann man immer noch sagen: ,Ja, ich kümmere mich darum.'" Es war also ein Riesenschritt, Kunden-Calls in die Wege zu leiten.

„Alle hatten Hemmungen, mit den Kunden zu reden. Dann haben wir ein System entwickelt. [...] Es war also ein Riesenschritt, Kunden-Calls in die Wege zu leiten."

Monika Schulze

Haben wir aber dann gemacht und das war wirklich so, dass die meisten gesagt haben: „Das ist ja eine richtige Erkenntnis. Also erst einmal, selbst wenn die Kunden sauer waren: Sie reden mit uns und können ja auch ganz nett sein und geben gutes Feedback. Zum Teil konnten wir ihnen auch wirklich weiterhelfen und die Kunden waren danach happy und auch stolz darauf, wenn sie zum Beispiel einmal ein CEO der Company angerufen hat." Also es war schon ein Riesenschritt nach vorne, zu sagen: „Lasst uns einmal mit den Kunden reden." Das finde ich auch ganz spannend, weil ich ja aus einer ganz anderen Branche komme, also von Unilever. Da war es so, dass wir eigentlich permanent erst einmal im Supermarkt waren, aber dann auch zu Leuten nach Hause gegangen sind und gesagt haben: „Können wir einmal in den Kühlschrank schauen?", so ungefähr. Also ich war im Foods-Bereich und wir haben viel, viel mit den Kunden geredet. Als ich dann in die Versicherungsbranche kam, war der Kunde total weit weg. Da fand ich persönlich es auch wieder gut, dass ich jetzt so das Gefühl hatte, ich bin näher an dem Kunden dran und das hat uns allen sehr viel geholfen.

Ich finde es schön, wie du dich konsequent darum gekümmert hast, neben der Datenevidenz das Projekt wirklich in das tägliche Leben und Erleben zu integrieren, auch intern. Wirklich spannend, dass du gesagt hast: „Mensch, das war auch erst einmal ganz schön komisch für uns, dass wir die Kunden dann anrufen, vor allen Dingen die, die eben niedrigere Werte gegeben haben. Aber wir haben daraus auch viel gelernt."

Ja, das war schon ein Erlebnis, muss ich sagen, weil die Hürde am Anfang riesig groß war und dann kam hinterher dieses: „Oh, es war doch eine gute Idee. Und jetzt habe ich endlich ein Gefühl dafür." Es war auch dann plötzlich einfacher, Investitionen für Kundenprojekte zu bekommen, weil selbst die CFOs ja in den Calls drin waren. Die haben vorher gesagt: „Brauchen wir nicht, ist alles nicht so wichtig." Ich mache es jetzt ein bisschen simplifizierend, aber es war natürlich immer ein Problem, für die Kundenprojekte die hohen Zahlen zu bekommen oder überhaupt Projektbudget zu bekommen und plötzlich haben sie gesagt: „Nein, habe ich verstanden, da müssen wir unbedingt etwas tun."

Das heißt, ihr habt dann auch aus diesen Einzel-Calls, die ihr geführt habt, das noch einmal zusammengeführt und dann überlegt: „Was heißt das für uns im Unternehmen oder was haben wir daraus gelernt?" Oder wie habt ihr das dann wieder zusammengetragen, die Erlebnisse?

Ja, genau. Wir haben dann regelmäßige Meetings mit allen gehabt und jeder hat berichtet, was er da empfunden und gelernt hat. Es ging aber auch um Gefühle, also nicht nur um Zahlen, Daten, Fakten. Denn mit den Zahlen, Daten, Fakten habe ich angefangen, aber es ging dann auch darum, das zu spüren, was da passiert, wenn man sich mit dem Kunden beschäftigt. Das, glaube ich, ist auch wichtig.

Gab es da auch Themen, wo Kunden euch gesagt haben: „Mensch, euch fehlt folgendes Produkt", also wo auch vielleicht Produktinnovationen entstanden sind aus diesen Feedbackgesprächen? Oder wo ihr Dinge gelernt habt, wo ihr sagt, da habt ihr auf einmal auf ein Thema oder auf ein Produkt ganz anders geblickt als vorher? Gab es auch solche Erkenntnisse?

Ja, das ist auch ein sehr spannendes Thema. Wir haben etwas, das nennt sich Zurich Innovation Championships. Das ist eine globale Initiative, wo wir uns jedes Jahr neue Ideen und auch Start-ups ansehen. Das war am Anfang so, dass wir sehr technisch da herangegangen sind. Mittlerweile ist es auch so, dass wir uns die ganzen Customer Insights anschauen und es eher aus Kundensicht und mit Kundenbrille betreiben als unbedingt nur aus technischer Sicht. Wir haben natürlich immer noch so eine kleine Tendenz, das alles sehr technisch zu sehen. Die Projekte im Moment sind noch ein bisschen geheim, aber wenn man sich einmal ansieht, was wir vor fünf Jahren gemacht haben: Da haben wir dann in UK einen Chatbot gelauncht, der sehr kundenfokussiert war und der auch sehr gut angekommen ist. Wir haben auch eine Partnership mit Apple angefangen, solche Sachen. Wir haben in Spanien eine Onlineplattform gelauncht für kleine Versicherungen, also Handyversicherung, iPad-Versicherung etc. Das alles ist so basierend auch auf den NPS-Daten, was wir von Kunden gelernt haben. Da wurde auch immer gefragt: „Ist es jetzt nicht nur aus technischer Sicht entwickelt, sondern habt ihr die ganzen Customer Insights dort eingebaut?"

Es geht darum, nicht nur zu schauen, was am Markt passiert oder was es für neue Technologien gibt, sondern auch zu sehen: Was können wir auch aus diesem Kundenfeedback lernen für eigene Projekte, Produkte, Dienstleistungen, wie jetzt beispielsweise den Chatbot oder eben die Partnership mit Apple.

Du hast schon verschiedene Branchen bewegt und bist jetzt mit dem Thema Customer Centricity in der Versicherungsbranche. Was würdest du Menschen raten, wie man sich dem Thema nähern kann, um es einmal ein Stück weit von diesem großen Wort „Kundenzentrierung" hin zu einem operativen Doing zu bekommen? Was würdest du aus deiner Erfahrung sagen, wären da gute erste Schritte?

Ich glaube, das Erste oder das Allerwichtigste ist, dass der CEO überzeugt ist und dann zusammen mit dem Customer Office oder Marketing, wer immer das betreibt, das Ganze nach vorne bringt. Bei uns kam ein riesiger Push hinein, als der globale CEO das nach vorne gebracht hat und wirklich gesagt hat: „Ich möchte das und ihr steht jetzt alle bitte dahinter." Er hat das auch sehr überzeugend gemacht, weil er sich da sehr gut auskennt, und er hat auch Zahlen, Daten, Fakten angebracht. Aber er hat gesagt: „Das ist für uns wichtig, damit die Company in Zukunft gut aufgestellt ist." Das ist jetzt auch bei unserem lokalen CEO ganz hoch auf der Agenda.

Dann muss ich wirklich auch ein strategisches Rahmenwerk schaffen, und ich sage immer, da muss jede Company schauen: Was ist der Ausgangspunkt, wo bin ich und wie setze ich das am besten ein? Bei uns war es jetzt so, dass wir tNPS sowieso schon hatten und es einfach war, da eine globale Sprache aufzustellen. Man kann es auch mit anderen Dingen machen.

Ich würde nicht sagen, dass es immer unbedingt bei allen gleich sein muss, es gibt da keinen Stein der Weisen. Dann ist es wichtig, und das ist auch nicht so einfach, dieses ‚from Strategy into Action'. Das ist so mein Lieblingsschlagwort, denn es gibt ganz viele Leute, die sind super gut darin, PowerPoints zu malen. Das sage ich jetzt auch ein bisschen despektierlich, aber PowerPoints sind noch nicht lebend, ich muss das dann auch in ‚Action' bringen.

„[...] weil wir oft im PowerPoint-Modus steckenbleiben und dann alle happy sind, dass wir das da auf Papier gebannt haben. Ich muss dann immer schauen, dass ich das wirklich in ‚Action' bringe."

Monika Schulze

Da ist es sehr wichtig, dass ich dann sage: „Wer ist für was zuständig, wie arbeiten wir zusammen und wie kommen wir von A nach B in welchem Zeitraum?" Das klingt auch nicht kompliziert, ist es aber manchmal, weil wir oft im PowerPoint-Modus stecken bleiben und dann alle happy sind, dass wir das da auf Papier gebannt haben. Ich muss dann immer schauen, dass ich das wirklich in ‚Action' bringe. Wichtig ist, dass ich regelmäßig in Meetings Bericht erstatte, sage: „Wie weit sind wir gekommen? Ich habe damals gesagt: ‚So sieht es aus, da will ich hin.' Sind wir da wirklich hingekommen?" Also da muss man relativ – das hört sich jetzt blöd an – penetrant sein und immer nachfragen: „Ist da etwas passiert?"

Das zeigt, wie intelligent ihr da vorgegangen seid und wie du dieses Programm aufgesetzt hast, um es immer stärker in das Unternehmen zu transportieren und die Vertreter und Makler zu integrieren. Ich glaube, es ist auch ein Weg, den ihr da geht, wo ihr noch mitten im Laufen seid. Oder wie würdest du das sagen?

Zu glauben, man hat das jetzt eingeführt und dann ist das Ding durch – da muss man echt vorsichtig sein. Wir machen das seit mehreren Jahren und ich würde sagen, wir kommen einfach schrittweise weiter voran und bauen es immer weiter aus. Zu sagen, wir sind jetzt schon am Ende der Reise, stimmt natürlich nicht, sondern man muss immer dieses Mindset haben: „Oh super, wir haben schon einiges geschafft." Das mache ich auch mit meinem Team, dass wir regelmäßig feiern: „Da haben wir etwas erreicht." Aber genauso sagen wir immer: „Ein paar Sachen müssen wir aber leider noch tun, die sind noch nicht da."

Am Thema Customer Centricity ist so spannend, dass sich die Kundenerwartungen und -bedürfnisse ja permanent verändern. Somit gibt es kein Fertig, sondern es gibt eigentlich nur ein Unterwegssein. Monika, ich danke dir von Herzen für dieses wunderbare Gespräch und dass du uns Einblick gegeben hast in euren Weg der Zurich Versicherung zum Thema Customer Centricity, in dein Wirken, wie ihr das angegangen seid, wie ihr da auch weitergeht, welche Erfahrungen ihr gemacht habt.

Ich danke dir auch. Für alle, die noch Fragen haben oder Diskussionsbedarf: Ich bin ziemlich aktiv auf LinkedIn.

Tipp:
QR-Code scannen und Podcastfolge erneut anhören oder über diesen Link: **https://apple.co/3GYl1aD**

Das Kryptoangebot der Kreissparkasse Ostalb – mit Markus Frei

Diese Podcastfolge erschien am 01. August 2022.

VORSTELLUNG VON MARKUS FREI

Markus Frei ist Vorstandsvorsitzender der Kreissparkasse Ostalb. Er ist in der Oberalb aufgewachsen und seit über 25 Jahren für die Sparkasse tätig. Unter seiner Leitung hat die Kreissparkasse Oberalb als erstes Institut in Kooperation mit der Börse Stuttgart das Thema Handel mit Kryptowährungen aufgenommen. Mit ihrer einzigartigen Lösung erschließt die Kreissparkasse Oberalb als Pionier einen neuen Sektor, der bei ihren Kunden auf großes Interesse stößt.

ESSENTIALS:

» Bei Innovationsthemen geht es nicht um persönlichen Geschmack, sondern darum, was für den Kunden relevant ist.

» Innovation ist ein ständiges Thema für eine nachhaltige Sparkasse und sollte einen festen Platz haben.

» Häufig finden sich Wege, eine Lösung innerhalb der bestehenden Strukturen anzubieten, um ein Thema erst einmal abzudecken, bevor der Kunde woanders hingeht.

» Das Interesse an Krypto geht über alle Altersklassen.

» Innovation funktioniert in der Organisation nur über Freiwilligkeit.

Ich freue mich, dass wir heute auf das Thema Krypto gucken können. Ein Thema, das sehr unterschiedlich in der Bankenszene diskutiert wird – und somit auch in der Sparkassen-Finanzgruppe. Sie sind ein Haus, das sich als erstes in Kooperation mit der Börse Stuttgart dem Thema Krypto genähert hat. Was waren für Sie die Beweggründe?

Das Thema hat letztes Jahr bei der Einführung polarisiert. Ich glaube, dieses Jahr hat es nochmals eine neue Bedeutung gewonnen, aufgrund der Marktentwicklung der Kryptowährung in den letzten Wochen. Wir haben 2018 den Innovationskreis gegründet, ein sogenanntes Freiwilligen-Netzwerk, und diskutieren immer wieder Geschäftsmodelle und Erweiterungsideen. Wir gehen in diesem Kreis quer durch, welche Trends am Markt da sind, was im Bereich Banking, aber auch im Bereich ‚Beyond Banking' da ist. Da kommt man an dem Thema Kryptowährung definitiv nicht vorbei. Wir haben letztes Jahr analysiert, wie viele Transaktionen von Kunden – Thema Krypto – getätigt werden. Keine Einzelabfrage, sondern in der Summe, was sich in der Kryptowährung nachher bewegt. Da waren wir überrascht, dass es Millionenbeträge sind, die von unseren Kunden dort investiert werden. Ich sage jetzt bewusst nicht angelegt, denn Anlage ist eine andere Klasse, in der Art und Weise. Darüber lässt sich trefflich streiten.

„Im Bereich ‚Beyond Banking' kommt man an dem Thema Kryptowährung definitiv nicht vorbei."

Markus Frei

Dann war die Fragestellung: Was tut sich auf der Verbandsseite? Wir sind in Regel sehr auf der Verbandsseite unterwegs bzgl. der Themenstellungen, die sich in der S-Finanzgruppe ergeben. Da gab es keine Initiative, die aktuell im Raum stand und da haben wir gesagt: „Okay, wie können wir das mit unseren bestehenden Systemen angehen", das heißt, mit unserer Finanzinformatik etc., „und wer könnte da Partner sein?" Da sind wir auf die Börse Stuttgart gestoßen, die im regulierten Bereich das Thema Kryptowährung anbietet – und der regulierte Bereich war uns sehr, sehr wichtig. Dass die Wallet und alles im geschützten Raum, zumindest rechtlich auf deutscher

Seite stattfindet. Wir sind mit denen ins Gespräch gekommen und haben dann die Initiative gestartet über eine sogenannte Vermittlung. Es findet keine Beratung statt. Das werde ich immer wieder betonen, denn das ist uns ganz wichtig. Aber es gibt die Möglichkeit, dass Kunden, die Interesse haben, dort direkt abschließen können. So sind wir da relativ einfach hingekommen – da war viel Arbeit dahinter, aber so hat es dann funktioniert.

Ich finde es spannend, dass Sie sagen, „Wir haben bereits 2018 mit unserem Innovationkreis begonnen, in dem wir uns mit Themen ‚Beyond Banking' beschäftigt haben." Sie sagen: „Mensch, wir haben uns angeguckt; was wollen unsere Kundinnen und Kunden eigentlich?" Da steckt richtig viel Arbeit dahinter. Und auch eine spezielle Haltung, die ich da höre, dahingehend, wie Sie in dem Zusammenhang auf die Sparkasse und die Zukunft der Sparkasse blicken.

Definitiv. Wir haben kontrovers im Vorstand diskutiert: Passt das Thema Kryptowährung zu unserem Werteverständnis? Passt es zum tradierten Sparkassensektor? Ja, es passt. Es ist ein Trend, der sich nicht leugnen lässt. Ich mache einmal ein plakatives Beispiel. Letztendlich ist momentan wieder ein Trend, dass Jeanshosen mit Löchern getragen werden. Der Einzelhändler hat die Option: Gefällt mir die Jeanshose mit Löchern? Ja oder nein. Ist der Markt da, kann er immer entscheiden, ob er es anbietet oder nicht. Und wenn er es nicht anbietet, dann geht ihm das Geschäft verloren. So sind wir auch in der Analyse vorgegangen. Welche Wettbewerber im Banking- und Non-Banking-Sektor sind hier unterwegs? Welche Plattformen über Trade Republic, Revolut? Wo sind Schnittstellen, die auch Wallets perspektivisch oder teilweise mit anbieten? Wir wollten das auf deutscher Plattform und deutscher Basis anbieten. Letztendlich wird es das Geschäftsmodell der Sparkassen erweitern, weil der Markt da ist.

So haben wir uns positioniert. Das ging in der Entwicklungsarbeit über mehrere Monate mit unserem Innovationsteam zusammen mit der Börse Stuttgart. Das hat sehr gut funktioniert. Aber es ist wirklich ein Punkt, auch im Ertragsfeld. Stichwort Wettbewerber, die auch in andere Bereiche – zum Beispiel in das Wertpapiergeschäft – vordringen und an die Kundendaten herandringen. Wie weit können wir hier entgegenhalten? Es ist viel breiter als rein der Gedanke der Krypto.

Wie kann ich mir denn dieses Modell der Zusammenarbeit mit der Börse Stuttgart vorstellen, sowohl von der Kundenseite als auch von der Institutsseite? Wie funktioniert das in der Praxis?

In der Praxis funktioniert es so: Die Kunden haben uns immer wieder gefragt: „Mensch, bietet die Sparkasse oder die Sparkassenorganisation etwas mit Kryptowährung an?" Wir haben gesagt: „Nein, nein." Jetzt können wir dem Kunden auf Nachfrage – und das ist mir ganz wichtig – oder Kunden, die letztendlich digital unterwegs sind, einfach Folgendes anbieten: Über unsere Homepage, über die Plattform findet eine Verlinkung zur Börse Stuttgart statt. Über diese Verlinkung kann dort direkt ein Konto – eine Wallet quasi – eröffnet werden, mit dem Krypto gehandelt werden kann. Das ist ziemlich einfach, die Eröffnung geht in wenigen Schritten. Ich habe es selbst praktiziert. Ich sage auch an der Stelle, ich bin kein Krypto-Fan und distanziere mich eigentlich von dem Thema. Aber wie gesagt, der Markt ist da und es polarisiert. Ich mache es deshalb, weil ich sage, dass es ein Trendthema ist, an dem wir nicht vorbeigehen wollen. Es funktioniert über die Vermittlung. Es sind nur ein paar Klicks. Einmal auf die Homepage gehen, einfach einmal ausprobieren, dann ist man schnell in dem Thema drin.

Das heißt, ich eröffne die Wallet bei der Börse Stuttgart. Die verwahren die ‚Coins' und bieten die Möglichkeit des Handels an. Und Sie treten als Vermittler auf. Habe ich das richtig verstanden?

Genau, eine sogenannte Tippgeber-Partnerschaft, um die Begrifflichkeit hier vielleicht richtig zu geben. Wir sind ein reiner Tippgeber.

Ich glaube, es ist ganz wichtig, zu sagen, dass es hier in diesem Gespräch um keine aktive Anlageberatung geht. Es geht einfach darum, aus Kundensicht relevante Geschäftsfelder zu sehen und diese zu erschließen – unabhängig von der persönlichen Meinung. Da hat mir Ihr Beispiel aus dem Handel gefallen. Jetzt kann ich mir aber trotzdem vorstellen, dass Ihre Mitarbeiterinnen und Mitarbeiter, Ihre Kolleginnen und Kollegen im Vorstand sicherlich unterschiedlich reagiert haben. Wie waren die Reaktionen, als die Idee ,Wir nähern uns jetzt dem Thema Krypto' aus dem Innovationskreis aufkam?

Die Reaktion war spannend. Auf der einen Seite fanden es die Kollegen cool, dass wir dieses Thema angehen wollen, mit allen Hürden und Hindernissen, weil ja durchaus auch die Regulatorik und die aufsichtsrechtlichen Themenstellungen da sind. Dann kam die Frage: Passt Krypto dazu? Krypto ist kein nachhaltiges Thema im Sinne der Nachhaltigkeitskriterien. Das möchte ich an der Stelle schon betonen, denn für das Schürfen, das ,Mining' wird ja eine enorme Menge Energie benötigt. Aktuell bekommt man zusätzlich noch mit, wie über Russland Gaslieferungen in die arabischen Staaten stattfinden, was die mit Bitcoin momentan abdecken. Da stehe ich nicht dahinter. Deswegen sage ich, auf der einen Seite passt es nicht, auf der anderen Seite ist es eine sehr große Bewegung. Das war schon der Punkt nochmals in der kontroversen Diskussion bei uns im Haus: Gehen wir das Thema mit an?

„Hier waren wir dann einfach mal „First Mover" in der S-Finanzgruppe."

Markus Frei

Wenn man den Markt betrachtet: 77 Prozent der europäischen Investoren glauben, dass Kryptowährungen Teil eines Portfolios sein sollten. Das ist aus einer Umfrage bekannt. Weltweit nutzen 300 Millionen Menschen das Thema Kryptowährung. Wenn man jetzt den deutschen Markt betrachtet, besaßen 2021 ca. zehn Prozent der Deutschen Kryptowährungen. Das war schon überraschend in der Analyse, also wirklich auf Zahlen, Daten, Fakten basierend. Aber wenn man vergleicht: Die Aktienbesitzer in Deutschland haben nur eine Größenordnung von 17 Prozent, also diejenigen, die rein in Aktien unterwegs sind. Das war für uns noch ein Indiz, zu sagen: „Ja, es ist ein Trend, der da ist und wir wollen bewusst hier investieren." Und wir haben uns entschieden, hier an die Speerspitze zu gehen, das Thema weiterzuverfolgen und an den Markt zu bringen. Hier waren wir wirklich ‚First Mover'. In der Regel muss man nicht immer ‚First Mover' sein. Auch ‚First Follower' geht ab und zu ganz gut bei Innovationen. Aber hier waren wir dann einfach einmal ‚First Mover' in der S-Finanzgruppe.

Dieses ‚First Mover' sein: Sind es die Menschen in Ostalb schon gewohnt? Oder wie waren die Reaktionen in der Belegschaft, als Sie dann mit dem Thema Krypto angefangen haben?

Das Team Kreissparkasse Ostalb hat seit 2018 bereits den Innovationskreis. Die Kollegen haben wir aus der Mitarbeiterschaft rekrutiert, sie konnten sich für den Innovationskreis bewerben. Wir hatten damals eine sehr hohe Anzahl an Bewerbungen. Ich war selbst überrascht, dass sich freiwillig 50 Kolleginnen und Kollegen gemeldet haben, die sagen: „Ja, ich habe Lust, Laune und Bock, mich einfach ‚add on' zu meinem normalen Job zu beteiligen." Egal, ob das aus dem Vertriebsbereich, aus dem Marktfolgebereich, aus den Stabsbereichen war. Wir haben die Innovationskultur bereits 2018 gestartet, deswegen war das 2021 dann nicht mehr so überraschend.

Das zeigt, wie wichtig dieser Innovationsprozess ist, der überhaupt nichts mit Krypto zu tun hat, sondern rein damit, wie ich mein Geschäftsmodell stetig weiterentwickle. Wichtig ist es auch, das organisatorisch zu verankern. Wie groß ist dieser Innovationskreis aus den 50 Bewerbungen besetzt worden?

Wir haben im Endeffekt 16 Kolleginnen und Kollegen aus allen Bereichen und allen Altersschichten mit einbezogen, sodass wir eine sehr breite Diversifizierung – auch von den Bereichen und der Altersstruktur her – haben. Und wir haben uns immer wieder ausgetauscht. Aktuell haben wir wieder so eine Change-Phase. Da sind wieder neue dazugekommen, manche sind ausgeschieden aus dem Team. Ich bekomme echt noch Gänsehaut, wenn ich darüber nachdenke, dass ich einigen absagen musste, dass sie nicht in der ersten Runde dabei sein durften. Da flossen fast Tränen. Es gab dafür auch kein Zusatzgeld. Wir haben bald eine 175-jährige Tradition. Dass die Innovationskraft in der Mitarbeiterschaft steckt und auch das Wollen und die Bereitschaft, das war für ein tradiertes Unternehmen großartig. Es war ein sehr spannender Prozess. Die Geschäftsmodellerweiterung ist in dem Umfeld, das wir in der Bankenlandschaft sehen, einfach elementar. Wir haben ein gutes Geschäftsmodell, aber wir müssen die einen oder anderen Satelliten zu unserem Kerngeschäft einfach anflanschen.

> „Ich bekomme echt noch Gänsehaut, wenn ich darüber nachdenke, dass ich einigen absagen musste, dass sie nicht in der ersten Runde des Innovationskreises dabei sein durften."

Markus Frei

Wenn man sagt: „Mensch, zehn Prozent der Deutschen besitzen Kryptos bereits, hingegen 17 Prozent Aktien.", da sieht man schon diese Relevanz des Themas. Jetzt brennt mir die Frage unter den Nägeln: Wie haben Ihre Kundinnen und Kunden darauf reagiert, dass Sie sich diesem Thema genähert haben?

Wir waren überrascht, als die Nachfrage und die Klicks bei unserer Internetfiliale – an der Stelle können wir das direkt messen – sehr hoch waren. Nach einigen Monaten hatten wir bereits 20.800 Zugriffe. Das ist sehr gut. Die Hauptzugriffsraten waren Richtung November 2021. Und was wir jetzt aktuell verzeichnen, ist natürlich, dass seit dem Angriffskrieg in der Ukraine beim Thema Krypto – auch mit der Kursentwicklung – die Nachfrage deutlich zurückgegangen ist. Da verhält sich das Thema Krypto nicht anders als die eine oder andere Asset-Klasse auf der Aktienseite beispielsweise. Wenn man im Netz weiter recherchiert, gibt es mittlerweile sehr starke Abhängigkeiten zur Zinsentscheidung. Da wird die FED-Entscheidung aktuell hoch abgewartet und die Wechselwirkungen der Kursseite sind schon sehr enorm. Deswegen sehen wir jetzt die letzten Monate einen deutlichen Rückgang in der Nachfrage.

Verstehe. Es trifft insgesamt das Thema und somit ist klar, dass sich das natürlich auch bei Ihnen dementsprechend niederschlägt. Dass die Zugriffszahlen in einer Eröffnung von Wallets münden – da sehen Sie auch eine Überleitung an die Börse Stuttgart?

Da sind wir sehr zufrieden, wie die Entwicklung war, wie viele Wallets und wie viele Eröffnungen stattgefunden haben. Aber momentan ist wirklich der Trend, dass die volatilen Märkte – auch auf der Krypto-Seite – Spuren hinterlassen. Das muss man so deutlich sehen, da gibt es eine sehr hohe Korrelation.

Kann man schon sagen, welche Kundentypen das vor allen Dingen nachfragen, oder ist es dafür noch zu früh?

Es ist ganz breit gefächert. Es sind nicht nur die 20-Jährigen, es sind die im mittleren Alter – von 40 bis 50 – und es gibt auch die deutlich über 60-Jährigen, die das Thema nachfragen. Das ist genauso wie bei dem Thema Digitalisierung. Es ist kein Trend nur für die Jugend und die jungen Erwachsenen, sondern wenn wir die Zugriffe auf der digitalen Seite sehen bei unserem Multi-Banking, dann geht es auch wirklich sehr breit nach oben. Da gibt es die Gaußsche Normalverteilung. Das hört auf bei über 80 und bei unter zwölf aufgrund der digitalen Zugriffsrechte. Aber ansonsten sind wir mittlerweile in ähnlicher Weise auch bei Krypto sehr breit aufgestellt – ist wirklich überraschend.

Ich sage das auch immer gerne in meinen Vorträgen, wenn oftmals das die Aussage aufkommt, Krypto sei nur etwas für die jungen Leute. Zahlen und Studien zeigen genau das Gegenteil. Letzten Endes gibt es in jeder Altersgruppe Menschen, die sich für dieses Thema interessieren.

Definitiv.

Jetzt kann man an Ihren Worten hören, dass Sie als Kreissparkasse Ostalb sich schon 2018 mit dem Thema Innovation beschäftigt haben. Wenn Sie mit dem Blick nach vorne auf die Sparkassen blicken, was würden Sie sagen: Wie lässt sich aus Ihrer Sicht eine innovative und zukunftsfähige Sparkasse charakterisieren? Wie schaut die für Sie aus?

Ein hoch spannendes Thema. Denn hier sind wir tief in der Kulturdiskussion. Ich bin persönlich ein Fan von Simon Sinek, dem Golden-Circle-Ansatz und was ist der ‚Purpose', der Sinn und Zweck. Wir haben 2020 gemeinsam ein Zielbild entwickelt mit den Mitarbeitern und Führungskräften: unsere Mission/Vision 2030. Der Kern, also unser ‚Purpose' ist: Wir machen es den Menschen einfach, ihre Zukunft zu gestalten. Das ist auf der einen Seite alles rund um das Thema Finanzdienstleistung von der Produktseite. Aber auch alles, was andockbar ist an das Thema Finanzdienstleistung. Wir sind jetzt dabei, zum Beispiel bei der Erneuerbaren-Energie-Seite, Investitionen zu tätigen und die Bürgerinitiativen zu unterstützen mit Windpark, Photovoltaik etc. Hier gibt es allerdings immer noch Restriktionen an der Stelle. Das ist die eine Seite, die Regulatorik und der politische Wille: Wir wollen erneuerbare Energien, aber an der Umsetzung hängt es. Und so ist es in ähnlicher Weise auch auf den Betrieb übertragbar. Wir haben nicht nur Fans, aber es ist eine Veränderung notwendig.

Der Mensch ist in gewisser Weise ein Gewohnheitstier. Wenn man den Sinn und Zweck, das Warum deutlich herausstellt, also warum dieser Anpassungsprozess notwendig ist, was er uns bringt und wie wir den gestalten, wenn wir diese drei Ws deutlich beantworten, geht die Entwicklung auch durch das Haus und mit Begeisterung weiter. Aber letztendlich sind es immer viel Kommunikation, Transparenz und ein klares Verständnis, wohin die Reise gehen soll, weil man ein sehr wichtiges, fundiertes Werteverständnis als Fundament braucht. Da ändert sich auch nichts an der tradierten Sparkasse. Vertrauen und Sicherheit ist das Entscheidende in jeglicher Hinsicht, in Richtung Kunden natürlich, aber auch das Gleiche zu übertragen, dass der Weg, den man einschlägt, auch bei den Mitarbeitern das Verständnis schafft.

Ich bin ebenfalls großer Fan des Golden-Circle-Ansatzes, weil er den Nukleus aus einer Organisation holt. Es klingt erst einmal sehr einfach, aber es ist richtig Arbeit, bis man wirklich an diesem Nukleus ist. Wie sichern Sie, dass das auch in den tagtäglichen Geschäftsprozessen, in Entscheidungen, in Diskussionen Verankerung findet?

Der Prozess geht nicht nur ‚Top-down', sondern der geht ‚Bottom-up' – vielleicht sogar quer, wenn man das so bezeichnen kann. Letztendlich ist es so, dass die Führungskräfte an erster Stelle als Multiplikatoren auf die Reise mitgenommen werden. Unser Innovationskreis beispielsweise fungiert auch als Schnellboot und Inkubator. Das heißt, die sind in den Themenstellungen mit dabei und strahlen in den Betrieb hinein. Und vor allem ist ganz wichtig, dass wir wirklich der breiten Masse der Mitarbeiter sagen: „Ja, ihr könnt gemeinsam an der Zukunft arbeiten, Zukunft gestalten."

Die Transparenz wird immer wieder in regelmäßigen Abständen gemacht. Das heißt, wir haben das als Regelthema in dem Führungskreis. Wir machen im Jahresauftakt eine Mitarbeiterbesprechung, eine große Veranstaltung. Da wird es immer wieder ersichtlich. Parallel kommunizieren wir zu dem Themengebiet viel; was wir getan haben, was wir noch tun wollen, wo wir aktuell stehen. Das Schwierige war nur seit 2020: Trotz sehr hoher digitaler Kompetenz haben die Innovationsfähigkeit, der Austausch, die Kulturentwicklung in der Pandemie-Zeit gestockt. Das haben wir aber wieder gestartet. Dazu gehen wir beispielsweise zu Kunden, die sehr innovativ darin sind, verschiedene Standorte zu verzahnen.

Klingt super. Gerade diese Verbindung, die Sie zu Kunden schlagen. Denn ich kenne keine Sparkasse, in der es nicht mindestens einen sehr innovativen Kunden gibt, den man einfach einmal besuchen kann, mit dem man sich austauschen kann. Und die meistens bereitwillig und stolz sind und gerne Ihrem Finanzpartner zeigen, wie sie es gemacht haben.

Ja, ich kann es nur bestätigen, da gibt es einige. Letztendlich zählt dann das Thema ‚Customer Journey'. Dass man von Anfang an überlegt: Wie ist die Prozesskette nachher aufgebaut? Welchen Bedarf hat der Kunde, welchen zukünftigen Bedarf wird der Kunde im Banking haben, was passt dazu? Und so gehen wir dann mit der Idee und Weiterentwicklungen des Prototyping klassisch hinein, definieren auch Personas – all das, was da dazugehört.

Es scheint Ihnen ein tieferes Anliegen zu sein, insgesamt das Geschäftsmodell Ihrer Sparkasse weiterzuentwickeln. Und deshalb gucken Sie gemeinsam mit dem Innovationskreis in alle Richtungen.

Ja, ich kann das nur nochmals so unterstreichen. Sie haben das perfekt zusammengefasst: Krypto ist ein Ausschnitt, ein kleines Mosaiksteinchen im gesamten Puzzle. Es ist wichtig, dass wir wirklich die DNA der Sparkasse, wofür die Sparkasse steht, fortschreiben und für weitere Geschäftsfelder nutzen, aber das originäre Geschäftsfeld nie verlassen. Auch die Nähe zu den Menschen. Es geht darum, das Räumliche zu übertragen in die digitale Welt: Wie schafft man in der digitalen Welt Nähe? Denn an der Digitalisierung führt kein Weg vorbei. Wie gesagt, wie wir es vorher schon hatten, ist es kein Altersthema. Das sind die Challenges der Zukunft und bereits aktuell. Da hilft das Freiwilligen-Netzwerk noch einmal als Schnellboot-Ansatz und Krypto ist jetzt ein Ergebnis daraus. Ein spannendes und polarisierendes Ergebnis. Das eine oder andere Polarisierende wird es sicher noch in der Zukunft geben.

„Es ist wichtig, dass wir wirklich die DNA der Sparkasse fortschreiben und für weitere Geschäftsfelder nutzen, aber das originäre Geschäftsfeld nie verlassen."

Markus Frei

Jetzt hören diesen Podcast ganz viele Entscheiderinnen und Entscheider aus der Finanzszene. Und wir wissen, es gibt unterschiedliche Stände, wo die Institute stehen. Wenn wir einmal davon ausgehen, jemand möchte sich dem Thema Innovation, Innovation im Betrieb widmen, aber auch dem Thema Krypto mehr nähern, was wäre Ihre Empfehlung für erste Schritte, sich dem Thema stärker zu nähern?

Wichtig ist die Offenheit, sich des Themas anzunehmen. Ich glaube, das ist das erste. Dann die Fragestellung: Wie implementiert man das Thema Innovation? Das geht nur über die Freiwilligkeit. Natürlich braucht es einen Katalysatoreffekt, einen Anschub, ein Netzwerk im Haus und ein Netzwerk auch außerhalb der Sparkasse. Deswegen sind wir auch bestrebt, mit anderen Sparkassen laufend in den Austausch zu kommen. Bei Krypto haben beispielsweise 25 Sparkassen schon nachgefragt, dass sie den Onboarding-Prozess machen wollen. Zum Thema Innovationsnetzwerk baut gerade unser Innovationsmanager Mario Sturm ein Netzwerk mit auf, das deutschlandweit agiert. Da haben wir jetzt zwölf, dreizehn Sparkassen bundesweit gefunden. Letztendlich gilt: Wer Interesse hat, darf jederzeit nachfragen, wie wir das gemacht haben. Aber die Empfehlung wäre die Freiwilligkeit, und zu fragen: Wo stehen wir in der Organisation? Da gibt es jetzt kein Allheilmittel oder ein Medikament, das nachher eine Flächenwirkung erzeugt, sondern das ist sehr speziell, wo jedes Haus nachher steht. Da muss man selbst eine Analyse eingehen, wie die Kultur zu dem Thema im Haus jeweils aussieht.

Vielen Dank, Herr Frei, für diesen wunderbaren Einblick in Ihr Wirken, in Ostalb und wie Sie das Thema Innovation und das Thema Krypto als Ergebnis des Innovationsprozesses implementiert haben.

Ich sage ebenfalls herzlichen Dank, hat mir Freude gemacht.

 **Tipp:**
QR-Code scannen und Podcastfolge erneut anhören oder über diesen Link: https://apple.co/3OVqCQY

Der Wandel der Sparkasse zu Lübeck – mit Oke Heuer

Diese Podcastfolge erschien am 22. November 2021.

VORSTELLUNG VON OKE HEUER

Oke Heuer ist Vorstand der Sparkasse zu Lübeck, verantwortet hier die Bereiche Gesamtbanksteuerung, Marktfolge aktiv und passiv und den PK-Vertrieb. Zuvor engagierte sich der Dipl. Betriebswirt als Wirtschaftsprüfer/Steuerberater im Prüfungswesen. Die Sparkasse zu Lübeck hat sich hier auf den Weg gemacht, den Vertrieb zu wandeln.

ESSENTIALS:

» Privatkundengeschäft hat weiterhin Potenzial – es ist ein positives Zielbild vom Top-Management notwendig, das es weiter zu operationalisieren gilt.

» Veränderung von innen heraus – durch die Mitarbeiter und mit ihnen

» Essenziell: positives Zielbild, Befähigung der Mitarbeiter und Kommunikation

» Wesentliche Stellschrauben: Kundenbeziehung und Beratung über sämtliche Kanäle

Die Sparkasse zu Lübeck hat, wie viele andere Häuser, erkannt, dass sie die bestehenden Verhaltensweisen und Vorgehensweisen neu ausrichten darf, wenn sie sich in die Zukunft entwickeln will. Was genau war der Grund, sich auf den Weg zu machen, bezogen auf Ihren Vertrieb?

Wir glauben an die Zukunft des Privatkundengeschäfts. Wir haben uns im Jahr 2020 während der Pandemie die Frage gestellt: Wie müssen wir unser Privatkundengeschäft neu ausrichten? Wenn ich sage ‚wir', dann meine ich nicht nur den Vorstand, sondern auch die Belegschaft. Das ist uns wichtig, denn wir wollen gemeinsam eine Zukunft schaffen. Gerade in der Corona-Zeit haben wir gespürt, dass es als Beschleuniger wirkt. Die Kunden verändern sich und der Markt verändert sich schneller als je zuvor.

Für uns gilt immer der Leitspruch „Unsere Sparkasse ist regional, persönlich und digital." Gerade beim Thema ‚persönlich und digital' brauchen wir eine Neuausrichtung im Privatkundengeschäft. Wir haben eine Task Force gebildet, einmal um die Themen rund um Corona zu managen, aber auch, um das Privatkundengeschäft neuer, digitaler und persönlicher aufzustellen. Eine echte Transformation mit einem Zielbild. Es war uns wichtig, dass die Transformation zusammen mit der Mitarbeiterschaft passiert. Wir haben 120 Leute im Privatkundengeschäft, die eine Meinung und eine Botschaft haben. Sie wollen in die Zukunft und deswegen haben wir mitten in der größten Krise – gefühlt war ja Corona für uns alle die größte Krise – gesagt, dass wir ein Zukunftsbild für das Privatkundengeschäft bauen wollen. Wir haben alle Themen, die wir für die Zukunft für wichtig erachten, in unsere Transformation mit hineingebracht, in unser positives Grundbild und Zielbild, um dann umzubauen. Wir haben alle Erlebnisse und alle Themen, die auf das Neue einzahlen, mit der Belegschaft zusammengetragen und in unsere Transformation überführt. Das sind unsere Antworten für die Zukunft, für unsere Kunden und für unsere Mitarbeiter. Und das hat sehr, sehr viel mit Lübeck zu tun – mit unseren Erlebnissen, Kunden und Mitarbeitern.

Wir haben zwei große Aktivposten: unsere Kundenbeziehung und unsere Berater. Diese beiden Aktivposten haben wir in das Zentrum unserer Transformation gestellt. Die Kunden wollen einerseits persönliches, digitales und hybrides Banking. Gleichzeitig wollen sie andere Geschäftsstellen. Sie möchten eine Omnikanal-Geschäftsstelle, in der wir Mehrwerte bieten und direkt auf ihren Bedarf eingehen. Sie wollen sowohl Selbstbedienung als auch unsere Berater. Auf der anderen Seite wollen unsere Berater Zukunft, gute Erlebnisse mit ihren Kunden, Unterstützung und vor allem auch eine Omnikanal-Strategie, das heißt eine digitale Beratung. Dann haben wir uns überlegt: Wie bringen wir das zusammen? Was wollen wir schaffen, genau während der Pandemie, den doch schwierigsten Stunden, die wir alle erlebt haben, um gestärkt aus diesem Thema hervorzugehen? Damit wir den Wandel, den wir alle jetzt erleben, managen können. Das war unsere Mission.

Wir haben dazu zwei Punkte komplett anders gemacht. Einmal haben wir uns überlegt: Wie können wir diese neue Welt optimal unterstützen? Das hat viel mit Technik, Prozessen, Vertriebsmanagement, Orga und ähnlichen Themen zu tun. Deswegen haben wir eine neue Einheit geschaffen, die nennen wir Kunden-Management. Diese Einheit hat nur eine Aufgabe: Für die Berater, den Vertrieb, die Kundenerlebnisse, die Kundenreise und die Prozesse die optimale Unterstützung zu bauen.

„Einmal haben wir uns überlegt: Wie können wir diese neue Welt optimal unterstützen?"

Oke Heuer

Auch während der Pandemie konnten wir das gut proben, weil wir sehr gut mit unseren Task Forces, also mit ad hoc Management, Dinge testen konnten. Das haben wir in diesem Jahr ausgerollt und es kommt gut an. Gleichzeitig haben wir den Vertrieb umgebaut. Wir haben alles in einen Bereich gepackt: unser Deluxe-Center. Hier liegt die Verantwortung für die Internet-Filiale und für den stationären Vertrieb – eine ganz klare Omnikanal-Strategie. Damit es auch von der Philosophie, von der Emotion, von der Führung und so weiter gut klappt, haben wir gesagt: Wir geben uns eine neue Beratungsphilosophie. Die Beratungsphilosophie in der Sparkasse zu Lübeck. Unsere 120 Leute haben sich dazu aufgeschrieben, was für unsere Beratungsphilosophie wichtig ist. Das sind fünf Punkte.

Mögen Sie die Punkte einmal aufschlüsseln?

Es sind:
> » (1) Meine Beratungsqualität,
> » (2) ich für meine Kunden,
> » (3) ich für alle sowie
> » (4) die innovativste Digitalpräsenz und
> » (5) Nachhaltigkeit in meiner Beratung.

Wir haben neben dieser Beratungsphilosophie das neue Finanzkonzept der FI – da sind wir Pilot – eingebaut in die Neustrukturierung und konnten in der OSPlus-Welt zur Unterstützung der Berater ein neues Tool vorstellen, das Beratung viel strukturierter, visueller und persönlicher macht. Wir haben gleichzeitig ein Kundenkontakt-Management ausgerollt, in dem wir die unterschiedlichen Vertriebskanäle kombinieren. Wenn der Kunde im Dialog-Center oder bei seinem persönlichen Berater anruft oder in der Digitalberatung, sieht jeder das gleiche Kundenprofil, welches wir dem Kunden zuschlüsseln, sodass wir hier deutlich kanalübergreifender agieren können.

Wir haben außerdem eine digitale Beratungsmappe eingeführt. Wenn man mit dem Kunden spricht, über Video oder vor Ort, kann man visuell unterstützen. Das heißt, dass wir das Thema und unsere Produkte sichtbar machen können. Wir haben zudem Filme gedreht und machen digitale Veranstaltungen. Wenn ich sage ‚wir‘, dann macht das unsere Vertriebsmannschaft. Wir haben zum Beispiel digitale Kundenveranstaltungen gemacht über Nachhaltigkeitsprodukte, aber auch digitale Inhouse-Veranstaltungen, wo die Beratungsphilosophie vorgestellt wird. Unser Vorstand macht einen kleinen Podcast und auch mal einen Film.

Am Ende zahlt alles darauf ein: Wir wollen unsere Kundenbeziehung und unsere Beratung stärken. Wir wollen Strukturen schaffen mit dem Finanzkonzept der FI, mithilfe von Kundenkontakt-Management, digital übergreifenden Ansprachen und mit einer digitalen Beratungsmappe. Gleichzeitig haben wir Kundenreisen definiert. Wir wollen Kundenerlebnisse schaffen und trainieren und coachen unsere Mannschaft auf dieses Thema. Das ist das Wichtigste, denn im Zentrum der gesamten Neuausrichtung steht der Berater. Der Berater ist das Bindeglied zu unseren Kunden und er schafft die Kundenerlebnisse. Dabei ist es völlig egal, ob digital oder persönlich. Sie können wunderbar ein Finanzkonzept-Gespräch digital führen oder genauso gut in der Geschäftsstelle machen. Das entscheidet der Kunde. Wichtig ist, dass wir eine Top-Beratung liefern – standortunabhängig.

Wir haben eine Beratungsphilosophie, die Eckpunkte hat. Das ist etwas, worauf der Vorstand stolz ist, denn das haben unsere Kolleginnen und Kollegen während der Pandemiezeit geschaffen, um im Privatkundengeschäft Zukunft zu haben. Wir haben viele Kundenbedarfe, tolle Geschäfts- und Beratungsfelder. Wir können wirklich viel bewegen und wir müssen davon wegkommen, das Privatkundengeschäft schlechtzureden und nur die Themen ‚niedriger Zins' oder ähnliches zu thematisieren. Im Fokus steht unsere Zukunft.

Für Themen wie Nachhaltigkeitsprodukte haben wir uns im Mai 2020 ein Programm ausgedacht und tolle Reaktionen erhalten aus der Kundschaft. Mit unserer neuen Beratungsphilosophie können wir auch neue Themen abdecken, die jetzt wichtig sind im Strukturwandel, wie Nachhaltigkeit oder auch den Einstieg in die Digitalisierung des Wertpapiers für unsere Kunden. Zum Beispiel: Wie können wir Depots digital eröffnen? Wie können wir Hilfestellung für den Kunden geben? Da sind wir als Coach gefordert und können sehr gute Kundenerlebnisse schaffen. Dafür brauchen wir top-motivierte Berater. Und das ist eben Gegenstand unserer Ausrichtung.

Sie haben einen Film gemacht von der Art und Weise, wie Sie sich in Lübeck Beratung der Zukunft vorstellen. Wie sieht dieses Zukunftsbild aus?

Wenn ich an die Zukunft unserer Sparkasse denke, dann ist wichtig: Sie ist regional, persönlich und digital. Wir wollen für alle Lebenslagen unserer Kunden Hilfestellung geben und wir wollen Partner unserer Kunden sein. Genau für die Themen, die im Privatkundengeschäft relevant sind, sei es das Transaktionsbanking, Zahlungsverkehr oder die Beratung – das heißt: Netzwerk-Themen. Wir sind der Partner für unseren Kunden in all seinen Lebensphasen. Das fängt beim Jugendmarkt an und das ändert sich im Alter mit den Themen, die wir dort bieten. Wir sind super vernetzt und sogar in

Themen wie Seniorenresidenzen unterwegs. Wir haben ein interessantes Portfolio und können viele Dienstleistungen für unsere Kunden hier anbieten. Uns ist wichtig: Herzstück ist unsere Beratung, persönlich und digital. Deswegen bauen wir auf unsere Beratung. Es ist nicht so, dass wir sagen, unsere gesamte Mannschaft und alle Berater sind jetzt schon digital topfit. Dazu haben wir ein Umbauprogramm, das wir entwickeln. Wir haben einige „Leuchttürme". Das heißt, wir haben bestimmte Standorte, die als Omnikanal-Geschäftsstelle für die Kundenreisen stehen, die sehr digital befähigte Mitarbeiter haben. Die stellen wir in den Fokus und sie sind dazu da, im Rahmen der Personalentwicklung alle Berater in die neue Welt mitzunehmen. Die größte Aufgabe ist es aus meiner Sicht, ein Zielbild zu haben und gleichzeitig eine Befähigung, aber vor allem müssen sie gut in der Personalentwicklung sein. Wir können nicht „Schnipp" machen und sind vom Heute im Morgen. Aber was wir machen können, ist: Aufschreiben, was uns wichtig ist, die Teams bilden, die sehr gut für die Leuchttürme stehen, und dann mithilfe dieser Teams Personalentwicklung machen. Sodass wir die ganze Mannschaft in die Befähigung bringen.

„Sie brauchen eine tolle Vision, sie brauchen ein Zielbild, sie brauchen Befähigung, aber vor allem müssen sie gut in der Personalentwicklung sein."

Oke Heuer

Das ist eine Einladung an die Mitarbeiter und wir haben gefragt, ob alle mitmachen wollen. Wenn jemand sagt, „Das ist nicht meine Aufgabe", dann finden wir andere Aufgaben in der Sparkasse. Aber wir haben das sehr offen gemacht. Die Resonanz war extrem positiv und viele können es gar nicht abwarten, in diese Transformation zu kommen und ihre digitale Fähigkeit noch auszubauen. Dabei ist wichtig, dass man die Entwicklung sehr konkret und anfassbar macht. Die Leuchttürme nehmen dabei die Ängste.

Uns ist immer wichtig, dass die Veränderung aus dem System heraus, aus der Mannschaft heraus kommt. Wir pflegen ein sehr gutes Verhältnis mit unserem Betriebs- und Personalrat. Wir hatten super Unterstützung vom Personalrat, der gesagt hat: „Das, was da gemacht wird, ist genau richtig. Das ist wichtig für unsere Zukunft und wichtig für eure Zukunft." Die haben das Management toll unterstützt. Wenn man Veränderung macht, geht es nur im Einklang mit dem Personal, und da ist ein Betriebsrat oder Personalrat sehr wichtig. Natürlich haben wir Themen, wo wir Stellen umbauen oder abbauen, das ist klar. Das gehört zum Geschäft.

Für uns ist außerdem ganz klar: Das Privatkundengeschäft ist nicht out. Ganz im Gegenteil, das gehört mit zur Zukunft unserer Sparkasse und wir können auch Geld damit verdienen. Wenn wir uns weiter verändern, können wir noch mehr Geld verdienen. Das können wir, indem wir uns verändern. Da haben wir eine klare Sicht und das ist Antrieb für das, was wir machen. Wir stärken damit unser Kapital und können zum Beispiel Spenden tätigen, weil wir hier für die Region Verantwortung übernehmen. Wichtig ist: Wir können das ‚Warum?' erklären, und das auf allen Ebenen. Dann klappt auch so eine Veränderung im Privatkundengeschäft. Die komplette Transformation werden wir in 24 Monaten durchführen. Unsere Vertriebszahlen sind sogar schon besser, weil die Zufriedenheit, die Motivation jetzt viel besser ist als vorher.

Gab es damals eine Initialzündung, weshalb Sie gesagt haben, genau jetzt wird es Zeit, dass wir das Thema anpacken? War es Corona oder war es etwas anderes?

Corona hat uns klargemacht: Jetzt ist ein Zeitpunkt, der wichtig ist. Wir müssen uns ernsthaft fragen, wie wir uns für die Zukunft aufstellen wollen, und etwas ändern. Deswegen war uns wichtig: Wir nutzen diese schwierige Phase und verbinden das Managen der Corona-Maßnahmen mit dem Aufbau für die Zukunft. Denn jetzt ist die Gelegenheit, Digitalisierung und Veränderung in Geschwindigkeiten zu entwickeln, die vorher unvorstellbar waren. Da haben wir gesagt: Jetzt erst richtig. Vertrauen in die Kraft der Mannschaft zu haben, gute Lösungen zu erarbeiten und diese Kraft aus der Mitte der Kollegen für sich arbeiten zu lassen, das war die Motivlage. Da war Corona für uns ein Weckruf, richtig durchzustarten und noch mehr zu machen, als wir uns früher getraut hätten.

„Da war Corona für uns ein Weckruf, richtig durchzustarten und noch mehr zu machen, als wir uns früher getraut hätten."

Oke Heuer

Wir sind in Lübeck Kaufleute und durchaus nüchtern. Wir pflegen hier nicht über Heldentaten zu sprechen, sondern versuchen, einen guten Job zu machen und nah an unseren Kunden zu sein. Die Widrigkeiten im Privatkundengeschäft sind da und es ist nicht einfach. Aber wir haben eine ganz klare Botschaft: Wenn ich positiv in die Zukunft schaue, wenn ich Spaß habe an dem, was ich mache, dann werde ich auf jeden Fall ein besseres Banking machen, als wenn ich nur über Schwierigkeiten berichte. Wir sehen viele andere Branchen, die ähnliche Strukturumbrüche haben. Und die packen es auch. Im Privatkundengeschäft lässt sich Geld verdienen und es gibt viel Zukunft. Das war bei uns der Antrieb, dieses Projekt weiter zu stärken und Geld zu investieren. Wir haben Geld investiert, um in der Digitalisierung, Omnikanal-Strategie, in diesem Umbau voranzukommen.

Ich finde es schön, wie Sie darüber sprechen, wie Sie Corona zum Anlass für Veränderung genommen haben, anstatt diese aufgrund der Pandemie aufzuschieben. Was sind Dinge, die Sie anderen ans Herz legen möchten, die sich ebenfalls aufmachen wollen in Richtung Zukunft?

Die Kernfrage ist: Warum verändere ich mich? Warum mache ich etwas? Das ist für uns die zentrale Frage gewesen. Dann das Thema: Warum habe ich ein positives Bild von der Zukunft? Für uns zum Beispiel: Warum gehe ich davon aus, dass es spannend ist, im Privatkundengeschäft unterwegs zu sein? Das heißt, dieses ‚Warum?', das stand bei uns zunächst klar im Fokus. Dann haben wir von Anfang an gesagt: Welche Partner brauchen wir und warum sind diese Partner so wichtig? Wir sehen unsere Finanzinformatik und unser Wertpapierhaus als strategische Partner, die wir in den Change von Anfang an mit eingebunden haben. Das heißt, sie waren immer Bestandteil unserer Veränderung. Zum einen muss die Veränderung in den Köpfen und emotional stattfinden, aber zum anderen auch in den Prozessen und in der Technik. Wir beziehen unsere Partner daher von Anfang an ein in unsere Projektarbeit. Und diese Partner haben auch Lust dazu, bei den Projekten mitzuwirken. Dann ist wichtig, dass wir Teams haben, wo wir alle relevanten Gruppen einbinden: Jung, Alt, Erfahren und Führungskraft. Das heißt, wir haben darauf geachtet, dass wir interdisziplinäre Teams haben, dass die unterschiedlichen Sichtweisen mit hineinkommen. Wichtig ist außerdem das Erklären. Es war von Anfang an entscheidend, wie wir nicht mit Zahlen, Daten, Fakten erklären, sondern ganz einfach: Warum wollen wir was machen? Wie wollen wir es machen? Was sind die nächsten Schritte? Wir haben es durch Telefonkonferenzen gemacht, wir haben es durch Filme gemacht und wir sind rausgefahren, als es pandemiebedingt wieder möglich war, und haben das erklärt. Das heißt, dass jeder Kollege in der Kommunikation weiß: Warum? Was ist Bestandteil der Veränderung etc.? Es ist uns wichtig, dass wir bei den Teams, die für diese Veränderung stehen, besonders auf Befähigungen achten. Für mich sind die Befähigungen: Personalentwicklung, digitale Formate, Kulturformate, Kommunikationsformate. Nur so kann, aus meiner Sicht, Change erfolgreich gelingen. Wenn es gut kommuniziert und verstanden wird und jeder es annimmt, dann wirkt es auch. Ich halte nichts von Veränderung, die nur Top-down angeordnet wird. Die kann nie wirken. Die wird nie positive Beiträge erbringen. Stattdessen muss es aus der Mannschaft kommen und das setzt Einbindung und gute Kommunikation voraus.

„Ich halte nichts von Veränderung, die nur Top-down angeordnet wird."

Oke Heuer

Ich danke Ihnen sehr, dass Sie uns nach Lübeck reinschauen haben lassen. Wie Sie es gemacht haben, warum Sie es gemacht haben und was andere davon lernen können. Vielen Dank dafür.

Tipp:
QR-Code scannen und Podcastfolge erneut anhören
oder über diesen Link: **https://apple.co/3gH2zso**

Weitere Publikationen von Jürgen Weimann:

 **QR-Code scannen und Buch bestellen:**
oder über diesen Link: https://amzn.to/3HF3F2P

Ausblick und Dank

Nun sind Sie am Ende des Buches angekommen und ich danke Ihnen sehr, dass Sie bis hierher gelesen haben. Sicher haben Sie nun viele Gedanken und Impulse gesammelt; nun gilt es, diese umzusetzen. Dabei wünsche ich Ihnen das beste Gelingen und die Freude, die in der Umsetzung nicht fehlen darf.

Dieses Werk wäre nicht entstanden, wenn nicht so zahlreiche Menschen bereit gewesen wären, mit mir über die Bankenwelt zu sprechen. Daher gilt mein besonderer Dank allen Interviewpartnern.

Ein Buch ist immer ein besonderes Projekt, zu dem viele Mitwirkende einen Beitrag leisten: Für die Transkription der Gespräche möchte ich den Lektorinnen und Lektoren von Amberscript danken, die liebevolle Gestaltung des Covers und des Buchsatzes hat die wunderbare Designerin Sabrina Blumenthal übernommen, dass wir auch alle Kommata richtig gesetzt und Rechtschreibfehler gefunden haben, dafür hat meine Lektorin Katrin Höttges auf ganz wunderbare Weise gesorgt. All die wunderbaren Ergebnisse zusammengeführt und die Fäden des Buchprojekts fest in Händen hatte Katharina Bickel; vielen herzlichen Dank dafür!

Mein letzter Dank gilt Ihnen, liebe Leserinnen, liebe Leser, liebe Hörerinnen, liebe Hörer – ohne Sie wären all die Impulse wirkungslos, denn Sie sind es, die aus den Gedanken Taten und wirkungsvolle Ergebnisse machen!

Ich wünsche Ihnen das größte Gelingen und dass wir alle gemeinsam die Finanzbranche zukunftsfähig machen.

GERNE AN IHRER SEITE
IHR JÜRGEN WEIMANN

IMPRESSUM

Herausgeber:

 JürgenWeimann.Consulting GmbH
Spinnereiinsel 3D
83059 Kolbermoor
juergenweimann.com

Handelsregister: 30958
Registergericht: Amtsgericht Traunstein

Vertreten durch:
Prof. Dr. Jürgen Weimann
Kontakt
E-Mail: buero@juergenweimann.com

Redaktion: Katharina Bickel
Transkription der Gespräche: Amberscript
Lektorat: Katrin Höttges
Design & Layout & Buchcover:
Sabrina Blumenthal, Art Direktion & Grafik Design
sabrinablumenthal.com